MAXIMILIEN PERRIN.

LE MÉDECIN DE LA CITÉ

I

PARIS.
LOCARD DAVI, ÉDITEUR,
29, RUE DE LA HUCHETTE.

MDCCCXLVI

LE MÉDECIN
DE LA CITÉ

Imprimerie Dondey-Dupré, rue Saint-Louis, 46, au Marais.

LE MÉDECIN
DE LA CITÉ

PAR

MAXIMILIEN PERRIN.

I

PARIS
LOCARD DAVI, ÉDITEUR,
29, rue de la Huchette.

1846

I.

Entrée en connaissance.

Le 25 août 1753, les cloches de la Notre-Dame de Paris, dans la Cité, sonnaient à toutes volées en faveur de la saint Louis et de la fête du roi Louis XV, de si piètre mémoire, régnant alors. Ce jour encore, les habitants de ce lugubre et infecte quartier, bourgeois et artisans, tous en habit du dimanche, se hâtaient d'abandonner leurs tristes et insalubres demeures, pour aller respirer un air pur, renouveler connaissance avec le soleil et contempler un peu de verdure de l'autre côté des ponts. Une chose non moins importante engageait encore les habitans de la Cité à passer le fleuve en masse, c'est que, ce jour, il devait y avoir spectacle gratis à la foire Saint-Germain et à celle Saint-Laurent, puis de brillantes illuminations le soir par la ville, sans oublier un magnifique feu d'artifice disposé sur la rive du Gros-Caillou, en face le Cours-la-Reine : cela toujours en l'honneur de la fête du roi.

Une jeune fille, dont une chevelure noire et brillante encadrait le beau visage ovale, contemplait tristement ce qui se passait ce jour, dans la rue, accoudée sur une petite fenêtre ornée de fleurs et encadrée de feuillage, dont l'aspect frais et coquet égayait un peu la noire et lézardée muraille de l'horrible masure dans laquelle cette fenêtre était percée.

C'était donc d'une des fenêtres de cette vieille masure, située rue des Chanoinesses, rue étroite, sale et tortueuse de la Cité, que ladite jeune fille, assise et penchée sur un appui en bois, jetait ses regards de tous les côtés en laissant échapper de temps à autre un mouvement d'impatience.

— Mon Dieu ! il ne reviendra donc pas? Comme il reste longtemps dehors, quand il sait que je l'attends, se mit à murmurer la jeune fille en soupirant, pour ensuite quitter la fenêtre, rentrer dans l'espèce de mansarde que cette dernière éclairait, pauvre réduit à peine garni des meubles les plus indispensables où notre fillette fut s'asseoir, triste et pensive, pour reprendre un ouvrage de broderie qu'elle avait quitté un instant auparavant, et se mettre à travailler de nouveau et avec ardeur.

Notre brodeuse avait à peine terminé une petite fleur, l'affaire de quelques minutes, qu'un bruit de pas se fit entendre et qu'elle courut, joyeuse, empressée, ouvrir la porte à un homme d'une quarantaine d'années, petit, trapu, au visage sombre, aux traits fortement prononcés, lequel étant entré fut se jeter lourdement sur une chaise, d'un air découragé, de mauvaise humeur, et sans avoir prononcé une seule parole.

— Eh bien, mon père, avez-vous été accepté? s'en vint avec timidité s'informer la jeune fille, après avoir refermé la porte.

— Non, Denise, ils ont préféré aux miens les soins d'un autre médecin, quoi que je me fusse présenté le premier. N'étant nullement connu, et sans réputation, ils n'ont osé m'accepter ni me confier la mission d'arracher au mal qui le dévore un aussi riche et puissant malade que monsieur le premier vicaire de Notre-Dame; enfin ils m'ont renvoyé comme un ignare, après m'avoir fait attendre deux grandes heures entières leur sotte décision, répondit notre médecin d'un ton où perçaient le dépit et la douleur.

— Hélas! hélas! sans cesse une amère déception, sans cesse repoussé parce que vous êtes pauvre, parce qu'à l'exemple des médecins de cette ville, vous ne pouvez afficher le luxe et l'orgueil. Pauvre père! à quoi bon le talent, la science, si la misère doit être continuellement pour vous un injuste motif de réprobation?

— La misère! oh! oui, tu as raison, Denise, chère fille! la misère est chose horrible! Malheur, malheur à celui que cette plaie afflige; car alors pour lui point de respect ni de considération; partout il doit s'attendre à ne rencontrer que méfiance, honte et abandon!... Et cependant le talent m'est acquis, la science m'est familière, mille fois j'en ai donné la preuve ; et parce que je suis pauvre on me repousse, on me méprise, on doute de mes succès. Ah! c'est infâme!

— Calmez-vous, mon père, et confiant dans la bonté du ciel, que je prie pour vous, attendons et espérons! dit Denise avec une douceur d'ange, en s'emparant de la main de son père pour la presser tendrement.

— Attendre! attendre! dis-tu, enfant? mais je n'en ai plus la force ni le courage. Attendre! lorsque chaque jour je n'existe que du pain insuffisant que te procure un travail pénible, aride, au-dessus de tes forces! Attendre, quand usée, abîmée par les veilles, je te vois, pauvre fleur, t'étioler, pâlir et t'affaiblir chaque jour. Oh! non, je ne puis attendre, je ne puis consentir à voir mourir ma Denise, ma fille bien-aimée, ma vie et mon unique bonheur! Impossible! impossible! Il me faut des cliens, des malades, du travail et de l'or pour prix de mon zèle, de l'or pour ma Denise! Et pourtant, depuis trois mois que nous avons quitté notre pays, que nous habitons cette ville, ce quartier, rien, rien que la misère, le désespoir et le découragement!

— Mon père! mon bon père!... s'écrie Denise.

— Ton bon père! tu m'appelles ton bon père, chère enfant! Mais tu ne sais donc pas que je suis indigne de ce doux nom, que je suis un infâme ! un monstre ! que j'étais riche et que j'ai dissipé ma fortune dans le jeu et l'orgie ; que tu avais une tendre et vertueuse mère, que j'ai tuée à force de chagrin ? Tu ne sais donc pas encore, Denise, qu'en mourant en me pardonnant, en pardonnant à son bourreau, cette bonne et excellente femme t'avait laissé quelques biens que sa tendre sollicitude pour toi avait su soustraire à ma prodigalité, et que père infâme, dépositaire infidèle, j'ai tout dissipé, anéanti, perdu ? Et tu me plains, ma Denise ! et pour moi tu travailles nuit et jour en m'appelant ton père chéri ! Pauvre folle ! lorsqu'au contraire tu devrais me maudire...

— Père, ma sainte mère vous a pardonné comme je vous pardonne aujourd'hui ;

oublions donc un funeste passé pour travailler ensemble, d'un commun accord, à un avenir plus heureux. Oui, raidissons-nous contre le malheureux sort qui nous accable en ce moment, lassons la main de fer qui pèse sur nous, et, le ciel nous aidant, le bonheur ne pourra nous échapper toujours. Maintenant, loin de perdre courage ainsi que vous le faites, réfléchissez, père, que votre art, pour être exercé avantageusement, réclame la confiance, et qu'il y a encore trop peu de temps que nous habitons ce quartier pour y être connu et mériter qu'on s'intéresse à nous. Ah! croyez-moi, le temps ne peut être loin où, convaincu de votre talent par quelque cure merveilleuse, le public admirateur, reconnaissant, viendra en foule ici réclamer vos bons soins, ainsi que cela lui est déjà arrivé quelquefois ; car enfin, et quoi que vous en disiez, père, plusieurs souffrants sont venus depuis peu frapper à votre porte, termine en souriant Denise.

—Des malheureux! des mendiants ayant horreur de l'hôpital et privés du moindre écu pour payer les soins que je leur ai donnés; tels sont les cliens que je puis espérer dans ce quartier maudit et misérable où je suis sottement venu m'enfouir, où la misère maintenant nous retient enchaîné sans espoir d'en sortir jamais.

— Jamais ! ah ! que ce mot est long et désespérant ! Heureusement, bon père, que plus confiante je ne désespère pas ainsi que vous. Avez-vous donc oublié que, grâce à l'estime dont m'honore l'épouse du marguillier, notre voisin, l'entretien du linge de la paroisse Saint-Pierre-aux-Bœufs m'est promis, et qu'avec l'argent que me procurera ce travail nous pourrons nous meubler un peu mieux et changer de maison sinon de quartier?... Maintenant, laissons de côté tous nos soucis, père, et comme ma tâche de broderie est achevée, hâtons-nous de faire honneur au petit repas que j'ai préparé pendant votre absence avec l'argent que m'a apporté, ce matin, la cabaretière du coin, pour la façon du mantelet que je lui ai fait la semaine dernière.

Cela dit, et sur un sourire de son père qu'elle prit pour une adhésion, Denise, vive et légère, s'empressa de dresser une petite table pour la couvrir ensuite d'un potage aux légumes et d'une épaule de mouton cuite au four, le tout accompagné d'une demi-peinte de vin et d'un pain blanc de six livres.

— Quelle profusion, chère enfant! et tout cela par ton travail, fit entendre le médecin, en venant s'asseoir au petit couvert bien propre dressé par les plus jolies mains possibles.

— Ce n'est pas tout encore, père, j'ai eu le soin de préparer votre linge blanc, afin qu'il nous soit permis d'aller faire ensemble un tour à cette fête magnifique où chacun s'empresse de se rendre, ainsi que l'annonce cette multitude de monde que nous entendons bourdonner dans la rue.

— Encore une bonne intention de ta part, dans l'espoir de calmer un instant mes ennuis. Ah! que le ciel, juste une fois, te rende, chère Denise, tout le bien que tu fais à ton père, dit le médecin avec attendrissement, pour ensuite porter à ses lèvres la main de sa bienfaisante fille.

— Que vous me bénissiez, mon père, et je serai bien récompensée, fit pour réponse Denise, en rendant caresse pour caresse.

C'était une bonne et bien charmante créature, cette Denise, avec ses seize printemps, ses grands beaux yeux noirs bien fendus, si doux et si brillants quand elle les levait, si chastes lorsqu'elle les cachait sous ses longs cils soyeux, et puis avec sa bouche vermeille, ses dents petites et blanches, ses joues légèrement rosées comme un blanc lys aux reflets de l'aurore. Aussi chacun dans le quartier l'admirait-il et l'estimait-il à l'envi, tout à l'encontre du médecin Minard, son père, dont l'air dur et sévère inspirait plus de crainte que d'intérêt et envers qui tout le monde s'accordait pour lui trouver quelque chose de faux et de sinistre dans le regard et la physionomie. Fâcheuse présomption, injuste peut-être, mais qui n'en avait pas moins été fort nuisible jusqu'alors aux intérêts du docteur Minard, en le privant de la confiance des gens du quartier, puisque dans ce temps, comme à présent, on préférait une figure riante et ouverte à un air renfrogné et maussade. Mais depuis trois mois qu'elle habitait Paris et la rue des Chanoinesses, dans la Cité, la jolie Denise n'avait-elle encore fait quelque conquête? Certes oui, car tous les jeunes gens du quartier la trouvaient admirable, belle au-delà de tout ; mais hélas ! par trop sauvage et trop fière, ce qui paralysait en eux le désir de lui faire la cour. D'ailleurs le moyen de s'y prendre : Denise ne sortait qu'un instant le matin pour reporter son ouvrage et faire les provisions, tout cela au pas de course, afin de remonter le plus vîte possible se remettre au travail la journée tout entière. Quant à se faufiler chez elle, impossible, on risquait d'y rencontrer à chaque instant un père, dont la figure rébarbative inspirait, comme nous l'avons dit plus haut, plus de crainte que de confiance. Or, messieurs les commis et les courtauds de boutique ne pouvant et n'osant faire mieux, s'en tenaient donc au simple rôle d'admirateurs, d'admirateurs silencieux et respectueux; moins un cependant, ayant nom Gobinac, petit gascon bavard, tant soit peu entreprenant, laid à faire peur, orné d'une chevelure couleur paille, le corps taillé en fuseau et exerçant la libre profession de rentier à douze cents livres, lequel Gobinac, occupant une petite chambre dans la maison située en face celle de Denise, jouissait du matin au soir de l'avantage d'admirer la jolie fille dont la croisée se trouvait située vis-à-vis la sienne. Heureuse circonstance qui avait procuré à notre gascon l'avantage de se faire remarquer de Denise, laquelle ne pouvait lever les yeux de dessus son ouvrage ni jeter un regard hors de sa fenêtre sans rencontrer celui de l'amoureux Gobinac, louchant d'une manière atroce dans l'intention de se rendre moins laid et de plaire à la jeune fille. Malheureusement pour le petit gascon, ces mines et ces gentillesses avaient produit tout l'effet contraire de ce qu'il attendait, car Denise, impatientée de voir sans cesse une aussi vilaine face lui grimacer au nez, avait pris, depuis longtemps, le parti de ne plus travailler à sa fenêtre et de ne plus s'y placer lorsqu'elle apercevrait Gobinac à la sienne. Le père et la fille venaient de terminer leur modeste repas, et Denise s'empressait de couvrir ses blanches épaules de son mantelet d'indienne, lorsqu'un petit coup frappé sur la porte de la chambre, fit ouvrir la jeune fille, qui recula de surprise en reconnaissant Gobinac dans le visiteur.

— Mille pardon, mademoiselle, si jé mé permets dé venir vous déranger, mais ayant appris dans lé quartier qué vous êtes une admirable brodeuse, adroite comme uné fée, jé vénais, sans plus dé façon, vous prier dé mé broder cette cravate dé mousseline dont jé compte mé parer à la noce dé mon cousin, dit Gobinac un peu dérouté par la présence du père de Denise, qu'il croyait absent du logis, et en présentant à cette dernière un petit rouleau de papier avec accompagnement de grimaces et de révérences.

— Donnez-vous la peine d'entrer, monsieur, afin de m'expliquer quel est le dessin qu'il vous plaît d'avoir sur cette cravate, répondit Denise, rouge et embarrassée en se rangeant pour faire passage au gascon, vêtu ce jour avec élégance, paré d'un petit tricorne à gance d'acier, d'un frac en soie marron à bouton diamanté, d'une culotte bleu de ciel et d'une paire de bas blancs accompagnés d'escarpins surmontés de boucles d'argent.

— Non, jé né choisirai pas, mademoiselle, jé m'en rapporte trop à votre bon goût pour vous faire cette insulte... Mais, cadédis, j'y pense ! Monsieur est médécin ? reprend Gobinac, en s'adressant à Minard.

— Oui, monsieur, répond sèchement ce dernier, en toisant l'interlocuteur de la tête aux pieds.

— Eh bien ! ça sé trouve à ravir, ayant un bésoin absolu dé vous consulter sur l'état dé ma santé, laquelle, quoique étant fort bonne, m'inquiète on né peut plus. Figurez-vous, respectable Esculape, qué j'éprouve depuis quelqué temps d'affreuses insomnies, qué jé né dors plus, qué jé né mange ni né boit plus, et qué mon pétit cœur, si tendre et si malheureux, né cesse dé battre et dé soupirer, termine Gobinac en tournant un œil amoureux vers Denise.

— Donnez-moi votre pouls... En effet, il y a agitation, dérangement, engorgement; il faut vous faire saigner, vous purger et pour boisson prendre des calmants.

— Vous croyez, docteur? et moi jé pense qué l'ennui, la solitude, lé manque dé société altèrent seuls ma santé, qu'il mé faudrait quelqués bons amis dans lé voisinage chez lesquels jé puisse passer quelqués gais instants ; par exemple auprès dé vous, docteur, et de votre jolie démoiselle.

— Qui êtes-vous? s'informe Minard sèchement et pour toute réponse.

— Télémaque Gobinac, célibataire, ex-employé aux gabelles, et présentement possesseur dé douze cents livres dé rentes, d'une réputation inctacte, dé beaucoup d'amabilité et dé vingt-huit printemps, en plus, votre voisin.

— Eh bien! monsieur Télémaque Gobinac, venez nous voir lorsque cela vous fera plaisir, dit Minard en grimaçant le sourire.

— Ça mé flattera infiniment, mon cher

docteur, et jé m'empresserai d'user dé la permission.

— Et cependant, monsieur, ce n'est guère chez de simples gens comme nous que vous pouvez rencontrer cette distraction tant nécessaire, dites-vous, à votre santé, dit Denise assez contrariée de la permission si légèrement accordée par son père.

— Cadédis! qué dites-vous là, mademoiselle? sachez qu'ici, sous les yeux dé mon docteur, et en contemplant les vôtres si beaux, qué jé mé porterai comme quatre…

— Après que vous vous serez fait saigner, par exemple, dit Minard en souriant.

— Si vous y tenez absolument, docteur, nous causerons dé cela un autre jour, mé réservant aujourd'hui lé plaisir d'aller voir la fête qué la bonne ville dé Paris donne à l'occasion de cé tant bien aimé souverain lé roi dé France.

— A laquelle il est temps de nous rendre aussi, mon enfant, car voici le jour qui commence à baisser.

— Je suis prête à vous suivre, mon père.

— Sandis! quelle heureuse circonstance et combien jé serai flatté dé vous accompagner! s'écrie Gobinac, toujours en fixant Denise d'un regard oblique et des plus bêtes, à force de vouloir le rendre expressif.

— Volontiers, si Denise y consent, monsieur Télémaque... Qu'en dis-tu, fille?...

— Du moment que tel est votre désir, mon père..., répond Denise timidement et en ayant peine à comprendre la facilité de son père et sa complaisance aux désirs du gascon.

Gobinac, ne se sentant plus de joie, s'empresse de tirer de sa poche une belle paire de gants de coton blanc chiné, et ensuite de présenter galamment une de ses mains gantée à Denise, qui y plaça la sienne, après avoir interrogé son père du regard et reçu son assentiment.

Ils partent, atteignent la rue où Gobinac, possesseur du bras de Denise, se carre, fait le conquérant, sans oublier de jeter un regard triomphant sur les garçons du quartier, en ce moment placés sur leurs portes, et qu'il savait être amoureux de Denise ; lesquels, condamnés ce jour à garder leurs boutiques, voyaient d'un œil jaloux le triomphe de notre gascon et Denise à son bras.

Tout en causant, Denise marchant entre son père et Gobinac, nos trois personnages, après avoir passé les ponts et suivi longtemps la rive droite de la Seine, atteignirent, escortés d'une foule nombreuse, la fameuse promenade du Cours-la-Reine, rendez-vous en semaine de la bonne société, et ce jour cédée par elle à la canaille, ou, pour mieux dire, au peuple qu'attirait la fête dans ces parages ; promenade en ce temps-là flanquée de deux fossés, fermée par deux grilles placées aux extrémités et voisine du grand cours, alors nouvellement planté, qui plus tard devait recevoir la dénomination de Champs-Élysées.

— Sandis ! mais on étouffe ici, jé sens qu'on mé met les pieds en capilotade ! se mit à crier Gobinac, après avoir imprudemment entraîné le père et la fille au milieu de la foule compacte qui, dans l'attente du feu d'artifice qu'on devait tirer sur la rive opposée, encombrait le Cours-la-Reine.

— Sortons d'ici, mon père ; j'étouffe, je

me sens mal à l'aise, fit à son tour entendre Denise, pâle comme une morte.

— Sandis, cadédis! nous y sommes entré, mais pour en sortir, impossible.

—Hé! monsieur, il ne fallait pas nous y amener, répond Denise avec un peu d'humeur, tout en suivant son père qui l'entraînait doucement, grâce à la protection de deux gardes françaises qui devant eux fendaient la foule, et avec lesquels ils parvinrent, suivis du gascon, à atteindre le parapet d'un des fossés d'enceinte, contre lequel ils s'appuyèrent de façon à n'être foulé que par-devant.

Il y avait une demi-heure, au plus, qu'ils

étaient dans cette position; Denise, fatiguée par les propos galants que ne cessait de lui débiter Gobinac; Minard, la mine soucieuse, et promenant son regard sur la foule, lorsqu'une main, en se posant lourdement sur l'épaule du médecin, lui fit tourner la tête et apercevoir un homme d'une taille moyenne et d'une quarantaine d'années, mal coiffé et mal vêtu, qui, en le regardant, lui souriait d'un sourire de démon.

— Quoi! Minard, ne me reconnais-tu pas? se mit à dire cet homme, en s'emparant de la main du docteur, pour la presser fortement dans la sienne.

— Maintenant, oui; vous êtes, si je ne

me trompe, le nommé Brizard dit Laridon que j'ai connu autrefois en Belgique.

— C'est cela même, père Minard; un bon enfant, un fameux avec lequel tu as fait plus d'une farce et plus d'une débauche, reprend Laridon.

— Parlez plus bas, Brizard; s'il vous plaît de vous entretenir de notre temps passé et de nos folies, car cette jeune fille que vous voyez à mes côtés est la mienne; dit tout bas Minard, que la rencontre de cet ami prétendu ne semblait pas flatter infiniment.

— Comment, ce beau brin de fille si avenant est cette petite Denise, cette marmaille que j'ai connue enfant? Fichtre! je lui en fais mon compliment sincère; la gaillarde a tenu ce qu'elle promettait dans le temps, c'est-à-dire, d'être un jour ce qu'elle est, belle comme un astre... Oh! ne rougissez pas de m'entendre parler ainsi, ma toute gracieuse, je ne dis que la vérité, foi de Brizard dit Laridon, ancien camarade de votre père; vous me semblez belle comme les amours, quoiqu'en ce moment il ne me soit permis de vous contempler qu'à la lueur des lampions du Roi, fit entendre Brizard, en s'adressant à Denise, pour reprendre ensuite et à voix basse : Dis-moi, Minard, quel est cet olibrius qui parle à ta fille?

— Un de nos voisins qui a désiré nous accompagner à cette fête, d'où je voudrais être déjà loin.

— Cette fête que je bénis, moi, parce qu'elle vient de me procurer la rencontre heureuse et inattendue d'un ancien et bon camarade. Oh! tu n'es pas prêt à rentrer chez toi de sitôt, Minard, car auparavant, nous avons diablement à causer ensemble et à nous raconter; c'est pourquoi nous ferons bien, je pense, de souper ce soir, ensemble, au premier cabaret présentable.

— Impossible, il me faut accompagner ma fille.

— C'est ce que nous ferons, afin d'être plus libres de causer, mais après le souper.

Minard se disposait à répondre, lorsqu'une détonation, annonçant le feu d'artifice, vint subitement l'en empêcher et occasionner un grand mouvement dans la foule empressée. Tandis que fusées, pétards s'élançaient bruyamment et que chaque regard les suivait dans les airs, Minard, s'occupant des choses d'en bas, profita de ce moment pour jeter un coup-d'œil scrutateur sur la mise de Brizard qu'il reconnut pour être beaucoup plus misérable qu'elle ne le lui avait paru d'abord. Cet homme portait une large lévite en drap brun, rapiécée de toutes parts et montrant la corde, mais dont la coupe élégante indiquait qu'elle sortait d'une bonne fabrique, et devait avoir appartenu à un personnage de bon goût; un large haut-de-chausse en camelot vert, datant, pour le moins, du règne de Louis XIV, lui descendait jusqu'aux genoux, et laissait à découvert deux jambes passablement tournées que recouvraient des bas de laine verte, ondés de taches, dont les mailles échappées laissaient entrevoir la chair ; enfin, le tout se terminait par de gros souliers éculés dont les semelles feuilletées devaient, depuis longtemps, largement boire à tous les ruisseaux. Quant à la figure dudit Brizard, par où nous eussions dû commencer, c'était une de ces faces osseuses, colorées, au front large, élevé, avec des yeux petits, renfoncés et empreints d'une expression de ruse et de malice diaboliques que venait renforcer encore une bouche garnie de dents belles et blanches, sur lèvres de laquelle errait sans cesse un regard moqueur.

Le feu d'artifice allait son train et s'élevait magnifique; aussi Gobinac, voyant Denise protégée par son père, s'était-il empressé, pour mieux voir, de grimper sur le parapet; mais ne voilà-t-il pas qu'au moment du bouquet, notre gascon, poussé par une forte secousse imprimée par la foule ondulante, disparaît tout à coup pour rouler dans le fossé, après avoir arraché et emporté dans sa chute le mantelet de Denise, en voulant se retenir après elle, et du sein de laquelle un cri d'effroi s'échappa à la vue de ce malheur.

— Ah! Bestiale de Greluchon, se mit à murmurer Brizard en se penchant au-dessus du fossé pour apercevoir Gobinac, le derrière à terre et en train de se frotter les membres contusionnés, quoiqu'il fut tombé sur un épais gazon.

Le feu terminé et la foule s'écoulant joyeuse, bruyante et satisfaite, Minard et Laridon s'empressent, à grand'peine, de retirer le malencontreux gascon du fossé, lequel, avantagé d'une forte entorse, se mit à grimacer et à gémir au point d'exciter l'intérêt de Denise qui, le prenant en compassion, l'engagea à s'appuyer sur elle pour marcher ; douce faveur que Gobinac accepta avec empressement, heureux de sentir sous le sien s'agiter le bras de la jolie fille. Tous deux, bras dessus bras dessous, se mirent donc en marche pour suivre Minard et Laridon, qui venaient d'entamer, à voix basse, une longue conversation.

— Comme je viens de te le dire, Laridon, depuis cette perte au jeu, qui m'enleva le peu de fortune que je possédais ; depuis que, criblé de dettes, il m'a fallu quitter Bruxelles afin d'échapper aux poursuites des avides créanciers qui me torturaient et menaçaient ma liberté, le malheur n'a pas cessé de me poursuivre et de m'écraser de sa main de fer, disait Minard à son compagnon.

— Maladresse de ta part, sottise ou pusillanimité ; car enfin, avec l'état heureux et la science que tu possèdes, tu pouvais te retirer du guignon on ne peut plus facilement. Regarde, moi, sans état, ennemi du travail, n'aimant que le jeu, les femmes et le bon vin ; Eh bien ! j'ai toujours su me sortir d'embarras et me procurer aises et plaisirs, en appelant à mon aide l'intrigue et l'audace. Il est vrai qu'en ce moment, les habits que je porte et ma bourse, tant soit peu légère, viennent peu à l'appui de ce que j'avance ; mais je t'apprendrai encore que certain démêlé avec dame justice m'ont contraint, il y a six jours, de quitter furtivement et vivement certaine ville de la frontière, où j'exerçais assez avantageusement l'honorable et périlleux métier de contrebandier, pour venir me perdre dans Paris, où je suis arrivé hier, à peu près dénué d'argent et de ressources. Mais, loin de m'abattre, de m'effrayer de la piètre condition dans laquelle je me trouve, animé du plus doux espoir, je brave le destin et compte fermement le forcer à me restituer sous peu ce qu'il m'a ravi... A propos, et ta femme ?...

— Elle n'existe plus, répond tristement Minard.

— Ah! bah! la brave dame est morte!

— Morte de douleur, de chagrin et presque de misère, en me pardonnant toutes les tribulations que je lui ai causées, en me laissant une fille chérie, ma Denise, mon bonheur, mon unique consolation et mon soutien.

— Ton soutien! Quoi, cette chère petite te nourrit du fruit de son travail?

— Depuis deux mois que le sort ma jeté dans cette ville, où vainement je fais tous mes efforts pour me former une clientelle qui me fuit.

— Mille Dieux! tu joues de malheur. Voyons, comment t'y prends-tu pour amorcer la pratique?

— Je répands mon adresse, et sur la porte de la maison que j'habite, j'ai placé une large enseigne.

— Après?...

— J'attends, répond avec découragement Minard.

— Quel quartier habites-tu?...

— La Cité et la rue des Chanoinesses.

— Fi! je ne m'étonne plus de ta misère. Où diable un médecin, un homme à talent, va-t-il se nicher dans un semblable bouge, dans un repaire de mendiants et de filoux? Mais, malheureux, c'était aux riches qu'il fallait t'adresser tout de suite, et, pour cela, aller planter ton camp au milieu de leur foyer, et là, afficher le luxe, te lancer dans le charlatanisme, forcer enfin le malade ébloui à te donner sa confiance, et plutôt que d'en manquer, assommer la nuit les gens bien portant pour les guérir le jour.

— Quelle plaisanterie! fait Minard en souriant amèrement.

— Allons, allons, je vois que j'arrive fort à propos pour t'aider à sortir de l'ornière où tu es empêtré, et ressusciter en toi ce génie, cette audace, cette énergie que je t'ai connus jadis au bon temps de nos fredaines, lorsque ensemble nous courions le monde en menant joyeuse vie.

— Oui, en m'aidant à dissiper mon patrimoine, en m'empruntant mon argent pour ne me le rendre jamais. Laridon! Laridon! tu fus un être bien fatal pour moi.

— *Motus* sur le passé, docteur ; et lorsque je vous offre mon intelligence pour auxiliaire et pour vous remettre en voie de fortune, il est mal à vous de m'adresser des reproches...

— Il me semble, avant de penser à faire la fortune des autres, que tu devrais, Laridon, commencer par faire la tienne.

— J'y pense ; aussi est-ce dans cette intention que je suis venu me fixer de préférence à Paris où, à ton exemple, je me garderai fort d'attendre que dame fortune vienne me chercher, me proposant d'aller au devant et de la saisir aux cheveux.

— Mais encore, quel moyen comptes-tu employer? s'informe Minard avec impatience et curiosité.

— Tous ceux qui me paraîtront les meilleurs pour me conduire au but que je me propose, et en prenant pour aides les femmes et le jeu. Mais, comme pour atteindre cet heureux but il s'agit de ne pas me laisser mourir de faim, et qu'en ce moment mon estomac bat la chamade et me crie miséricorde, je m'empresse donc de te réitérer l'invitation de souper ensemble, avant de rentrer à ton colombier, dans quelque cabaret voisin, termine Brizard.

— Laridon, je viens de te faire part de ma misère, ne sois donc pas surpris si je refuse ton offre.

— Compris! pas de *quibus* pour le quart d'heure, c'est tout comme moi ; cependant les toiles de ma poche ne se touchent pas au point que je n'y trouve encore deux ou trois écus pour payer l'écot que je te prie d'accepter ainsi que ta jolie fille, friand morceau qui regaillardit rien qu'en la voyant. Puis se tournant vers Denise, qui avec Gobinac marchait toujours derrière eux, Laridon de reprendre ainsi : N'est-ce pas, jeune fille, que cela ne vous ferait pas de peine de vous reposer un petit brin ?

— Comme il plaira à mon père, monsieur, répond Denise.

— Quant à moi, j'acceptérai volontiers la proposition, vu qué jé souffre du pied ni plus ni moins qu'un damné sur un réchaud dé l'enfer.

— Mais ne remarquez-vous pas que nous voici arrivés au Grand-Châtelet et à deux pas de notre demeure, fait observer Minard.

— Où il me tarde d'être rentrée, mon père, car le temps s'assombrit, et je crois qu'il ne tardera pas à pleuvoir.

— Alors, au revoir, Minard, ce qui ne sera pas long, puisque demain je compte te faire une visite, et pour le quart d'heure, prenant en pitié le mal qu'endure ce jeune homme, je consens à m'arrêter quelques instants et à faire connaissance avec lui le verre à la main, honneur qu'il ne me refusera pas, sans doute? dit Laridon en s'adressant à Gobinac, qui, ne se sentant pas le courage d'aller plus avant, et chez qui la souffrance l'emportait en ce moment sur l'amour, s'empressa d'accepter la proposition.

Après avoir quitté le père et la fille, Laridon s'empressa d'offrir son bras au gascon, en lui conseillant de s'appuyer dessus pour le traîner clopin clopan jusqu'à la porte d'un cabaret situé sur le quai de la Ferraille, où ils s'introduisirent et furent s'asseoir dans une grande salle, où, en ce moment, mangeaient et buvaient force gens de toutes conditions, et parmi le nombre plusieurs sergents recruteurs, qui tous, à son entrée, s'étaient empressés de toiser Gobinac de la tête aux pieds.

— Çà, mon jeune ami, qu'allons-nous manger? dit Laridon en s'adressant au gascon assis en face de lui.

— Sandis! très peu dé chose, car lorsqué jé dîne jé né soupé pas.

— Et vous avez dîné?...

— Comme un ogre, cé qui fait qué jé né mé sens aucun appétit.

— Fort bien! alors laissez-moi dresser

le menu... Garçon! une gibelotte, un dindonneau, une salade, du dessert, et pour commencer, quatre bouteilles de bourgogne première qualité, crie Laridon.

—Cadédis! sommes-nous uné douzaine, pour dévorer tout céla? s'informe Gobinac effrayé.

—Tudieu! croyez-vous, mon jeune ami, que je vis de l'air du temps... A votre santé et causons, dit Brizard Laridon en versant rasade à Gobinac. Dabord, comment va cette patte?...

— Quellé patte? demande ingénuement le gascon.

— Parbleu! votre pied, votre entorse.

— Mieux, beaucoup mieux depuis qué jé suis assis.

— Superbe, alors !... Ah çà, qui êtes-vous ? quel est votre état ? où demeurez-vous ? Tout cela, pour mieux faire et faire plus vîte entière connaissance.

— Jé mé nomme Télémaque Gobinac, jé suis rentier dé par la grâce dé mon père, qui, en mourant, il y a deux ans, m'a laissé un révénu dé douze cents livres. Quant à ma démeure, rue des Chanoinesses, dans la Cité, la maison en face celle qu'occupe cé bon M. Minard.

— Fichtre ! vous êtes un homme aisé, mon jeune ami... A votre santé !

— Merci... Mainténant, pourrais-je savoir, à mon tour, à la santé dé qui jai l'honneur dé boire en cé moment.

— Avec Bernardin Brizard dit Laridon, bon enfant et pas fier.

— Ah! ah! Votre état?...

— Celui d'un homme universel qui sait tout, fait tout, entreprend tout.

— Cadédis! quellé source dé fortune. Mais, en cé moment, à quoi sé livre votre vaste génie?

— A réunir une somme importante et nécessaire à la formation d'une maison de commerce d'un nouveau genre; maison d'agrément où se trouveront réunis tous les plaisirs indispensables à une existence mondaine, tels que le jeu, la table et l'amour, laquelle j'intitulerai Paphos ! Mais, laissons cela et jasons un peu sur le compte des amis qui viennent de nous quitter... Savez-vous que cette petite Denise est adorable ?

— Sandis ! jé lé crois bien.

— Je vous soupçonne amoureux d'elle...

— Hélas ! j'en suis idolâtre.

— Et vos intentions sur elle sont...

— Dé m'en faire adorer et dé l'épouser.

— Des vues honnêtes, très-bien, mon jeune ami... Mangez donc ce pilon...

— Merci, je n'ai plus faim.

— Buvez, alors... Ainsi, vous dites donc que vous voulez prendre pour femme la fille de l'ami Minard, et cela, sans dot ni espérance, vu que les bonnes gens sont pauvres comme Job ?

— Comme vous le dites.

— Ce serait généreux de votre part; mais moi qui sais lire dans le cœur le plus dissimulé, je gagerais cent louis d'or que vous êtes un séducteur et non un épouseur... Allons! soyez sincère... Vous souriez; j'ai deviné!

— Mais non, mais non ; jé veux la pétite pour...

— Maîtresse, n'est-ce pas ? Eh bien ! vous l'aurez, vous réussirez, et au diable le sot et maussade hyménée ! Un beau et spirituel garçon de votre espèce est fait pour voltiger et non pour se fixer... Oh ! ne craignez rien, votre secret sera bien gardé, et même, si, pour réussir auprès de Denise, je puis vous être de quelque utilité, disposez de moi, mon cher Gobinac, termina Laridon en serrant affectueusement la main du gascon.

— Alors, jé né vous cacherai plus rien, puisqu'il en est ainsi. Oui, mon cher Laridon, jé désire faire ma maîtresse dé la belle Dénise, en attendant qué jé trouve pour femme uné fille calée dont la dot réponde à ma fortune.

— Rien de plus sage, et je suis ravi de vous voir dans d'aussi bonnes dispositions, je me charge de vous trouver la légitime aux écus, tout en protégeant vos amours avec la fille du médecin.

— Sandis ! qué dé bonté, mon cher monsieur Laridon, vous m'en voyez tout confusionné. A votre tour, disposez dé moi...

— De votre bourse ? interroge Laridon.

— Non, dé moi, dé mon crédit et dé mon courage.

— Ce n'est certes pas de refus, mon jeune ami ; buvons !...

— Assez, assez, sandis ! cé vin commence à mé monter à la tête.

— Dites-moi, maintenant, mon tendre et cher ami, d'où provient la misère où je trouve ce pauvre diable de Minard, et comment il se fait qu'un homme que j'ai connu jadis vif, adroit, entreprenant et des mieux enclienté, se trouve aujourd'hui livré au malheur et au découragement ?

— Jé né sais pas, m'étant contenté, jusqu'alors, d'adorer la belle Dénise, sa fille.

— Au moins, que pense-t-on de lui et de son talent dans votre quartier ?

— Qu'il est un brave et honnête homme, mais trop pauvre pour avoir du talent, cé qui fait qué personne né l'emploie.

— Oh! je reconnais, à ce trait, l'imbécille espèce, dont la confiance ne s'acquiert que par les yeux, pour qui le charlatanisme doré est tout, le talent modeste rien. A votre santé, et causons de la belle Denise.

— Sandis! oui, et causons-en longtemps, répondit le gascon en se frottant les mains d'aise.

— Garçon, du champagne! crie Laridon.

— Merci, car céla sérait pour m'achéver. Déjà la tête mé tourne, sandis.

Malgré le refus du gascon, la bouteille demandée est apportée, débouchée, et bientôt sa mousse déborde le verre.

— Tonnerre! quel joli vin! fait entendre un des recruteurs placés à une table voisine.

— A votre service, camarades, répond Laridon.

Et sans se le faire répéter deux fois, les recruteurs d'arriver, pour prendre place près de Gobinac et de son compagnon.

Les verres s'emplissent, on trinque,

on boit, et la conversation devient générale.

— Mille Dieux ! le bel état que l'état de soldat, et que vous seriez beau et fier sous les armes, jeune homme, dit un des sergents recruteurs à Gobinac, tandis que ses camarades causaient avec Laridon.

— J'en conviens, sandis ! mais, jé n'ai jamais eu dé vocation pour lédit état.

— Comment, tonnerre ! jamais la patrie, l'honneur, la gloire n'ont parlé à votre cœur ?

— Bêtise et viande creuse qué tout céla, mon cher.

— Mille bombes ! ne seriez-vous pas français ?

— Très français, né natif des bords dé la Garonne, et, dé plus, fort peu soucieux d'aller mé faire casser un bras ou uné jambe au profit dé la patrie, fort peu ré-connaissante, quoi qu'on en dise.

— Jeune homme, revenez de cette erreur ; la patrie sait récompenser ; la preuve est que si vous voulez devenir général, puis maréchal, il faut, sans plus tarder, vous enrôler dans le superbe régiment que je suis chargé de former, et que sa majesté le roi Louis XV doit placer sous les ordres de M. le marquis de la Garancière, superbe milice destinée pour la Martinique, un véritable pays de Cocagne, où le guerrier envoyé dans cette riche contrée n'aura qu'à gratter la terre pour ramasser plein ses poches d'or, métal précieux qui pousse dans ce pays ni plus ni moins que le champignon sur le fumier; ce qui fait qu'en moins de quelques jours, chaque soldat sera riche et en état d'acheter un régiment pour son compte, ou bien de venir rouler carrosse à Paris, après s'être racheté lui-même. Or, si vous vous sentez séduit par ces brillants avantages, par le désir de faire une fortune rapide, hâtez-vous de signer et d'ouvrir la main pour recevoir les cinq louis d'or dont le roi gratifie ceux à qui il accorde l'honneur d'entrer à son service. Dépêchez-vous, mon jeune guerrier, car il y a foule et le vaisseau attend.

En terminant ces mots, le recruteur présentait un papier et une plume à Gobinac, lequel s'empressa de repousser le tout en donnant pour excuse que ses moyens pécuniaires, son amour pour une jolie fille, le forçaient à refuser les brillants avantages que lui offrait la munificence royale par la bouche dudit recruteur, lequel, sur ce refus, replia le papier, essuya la plume et resserra le tout en murmurant : un peu plus tard.... mot qu'il prononça en regardant Gobinac en dessous.

L'horloge de bois, appendue à la muraille du cabaret, venait de sonner la dernière heure de la nuit, lorsque Gobinac, resté seul depuis longtemps avec Laridon, donna avis à ce dernier qu'il était grand temps de regagner chacun leur demeure respective, à quoi Laridon se dit être tout disposé après qu'ils auraient acquitté l'écot montant à 33 livres 6 sols 6 deniers, grâce au nombre de bouteilles que les avaient aidé à vider messieurs les sergents recruteurs.

— Payez, mon jeune ami, demain nous compterons ensemble, dit Laridon en présentant au gascon le mémoire que venait d'apporter le cabaretier.

— Jé vous avouerai, monsieur Laridon, qué pour mieux conserver mes amis, j'ai pris l'habitude dé né jamais rien leur prêter, ni avancer; or, voici pour ma part 17 livres 3 sols 3 déniers ; à vous d'en avancer autant, répondit Gobinac après avoir posé sur la table une bourse des mieux garnies et en avoir sorti ladite somme.

— Tudieu! paltoquet! est-ce à un ami, au confident et au protecteur de tes amours, à celui qui veut te donner Denise pour maîtresse et une riche héritière pour épouse, que tu dois faire une semblable impertinence? Paie ce soir, et demain je te régalerai à mon tour, et d'une façon splendide... Paie donc, te dis-je, s'écrie Laridon avec impatience, en arrachant la bourse des mains de Gobinac pour en sortir de quoi compléter la somme due, à la grande stupéfaction du gascon, demeuré muet de surprise, et auquel Laridon rejeta ladite bourse.

— Ah! c'est qué jé mé permettrai dé vous dire, monsieur Laridon, qué jé suis un garçon rangé, dont la dépense né dépasse jamais lé révénu, auquel la petite

ribotte de cette nuit fait une terrible
brèche.

— Ah! tu comptes, paltoquet; bêtise,
ladrerie dont il faudra te corriger, à mon
exemple; et lorsque tu auras tout mangé,
c'est moi qui se charge de t'enrichir de
nouveau, en t'associant à la grande entreprise que je médite. Maintenant, en
route !

Gobinac, à l'exemple de Laridon, veut
se lever, mais la douleur affreuse qu'il res-
sent à son pied le contraint de retomber
sur le banc en faisant une horrible grimace.
Impossible à lui de pouvoir marcher, impossible encore de trouver, à pareille
heure, un carrosse public. Que faire donc?
passer la nuit au cabaret et y attendre le

jour. Ce parti pris, au grand mécontentement de Gobinac, Laridon, d'une voix de tonnerre, cria au garçon cabaretier d'apporter du vin et des cartes.

II.

L'effroi dans le quartier.

Cinq mois se sont écoulés depuis le jour où le médecin Minard a reçu la première visite du gascon Gobinac, depuis que lui et sa fille ont fait la rencontre de Brizard dit Laridon au Cours-la-Reine, le jour de la

St-Louis, 25 août 1753 ; mais dans cet espace de temps les choses ont bien changé de face, car au lieu d'un pauvre médecin, logé dans une mansarde, d'une pauvre fille condamnée à un travail laborieux et pénible pour nourrir son père, nous retrouvons le docteur Minard, homme en grande réputation, dont chacun, dans la Cité, aime à vanter le talent et la philanthropie, à qui chacun s'empresse encore de prodiguer l'honorable dénomination d'homme secourable et de père des pauvres ; Minard, enfin, débarrassé de ses soucis, souriant et affable envers tout le monde, à qui une honnête aisance, produit d'une assez nombreuse clientelle, a donné la possibilité d'échanger sa mansarde contre une petite maison avec jardin, située rue Saint-Landry, dans laquelle maison la jolie Denise, à qui l'aisance et le repos ont permis de reprendre toute sa fraîcheur et toute sa grâce naturelle, s'occupe des soins du ménage et de répondre aux clients en l'absence de son père. Denise, heureuse, dont le sourire gracieux et bienveillant accueille aussi bien le riche comme le pauvre consultant ; Denise, dont le gascon Gobinac est devenu plus amoureux que jamais, sans pour cela avoir pu obtenir autre de la jeune fille qu'un peu d'estime et la permission de venir la distraire quelquefois par son babil original, permission dont usait largement notre gascon en plein jour, mais peu soucieux de s'exposer à la nuit noire dans les rues étroites et désertes qu'il fallait franchir pour se rendre, de sa demeure, à celle du médecin.

Pourquoi cette répugnance de la part de Gobinac, répugnance que l'amour et la certitude de rencontrer tous les soirs Denise seule au logis, n'avaient pu vaincre? C'est que depuis quatre mois à peu près, une bande de malfaiteurs nocturnes jetaient la terreur et l'effroi dans le quartier, ci-devant si paisible de la Cité, où maintenant il ne se passait guère de semaines sans que ces misérables assassins, ces rôdeurs de nuit, ne tombassent à l'improviste sur quelques malheureux retardataires qu'ils terrassaient à coups de poignards, et laissaient ensuite pour morts sur la place; funestes catastrophes trop souvent répétées, et auxquelles l'infatigable Minard était redevable de sa petite fortune et de sa réputation, comme étant sans cesse venu au secours des victimes qu'il s'était empressé de faire porter chez lui, afin de leur prodiguer ses bons soins, ce qui prouve qu'à quelque chose malheur est souvent bon. Ce qu'il y avait de plus terrible, c'est que la police, malgré l'activité qu'elle déployait en cette circonstance, n'avait encore pu mettre la main sur un seul de ces malfaiteurs invisibles qui sans cesse parvenaient à lui échapper, au dépit des efforts d'un grand nombre d'agents apostés dans les rues et de ceux des habitants du quartier qui, tous à l'envie, s'empressaient d'accourir aux cris des victimes pour les ramasser sanglantes et toujours blessées au côté droit, mais non d'une façon mortelle, et sans qu'aucune d'elles ait été dépouillée de la moindre des choses, puisque, revenu à la vie, chaque blessé retrouvait sur lui, avec autant de surprise que de joie, ses effets, son argent et ses bijoux ; ce qui était infiniment délicat de la part de messieurs les assassins, au dire de Gobinac, lequel, poltron de sa nature, se serait bien gardé de sortir de chez lui après le soleil couché, à moins d'être accompagné de façon à pouvoir braver le danger.

Les choses étaient ainsi, lorsque le 8 janvier, et sur l'après-midi, par un temps froid et neigeux, le médecin Minard, venant de visiter ses malades, rentra chez lui où sa fille, qui l'attendait pour dîner, lui avait préparé bonne chaire et bon feu. Courir au-devant de son père qui traversait la petite salle basse de la maison, et le débarrasser de son manteau, fut un plaisir pour Denise, laquelle s'empressa de faire asseoir Minard devant la cheminée, pour ensuite approcher de lui la petite table sur laquelle était dressé le couvert.

—Halte-là, chère enfant, et ne te presses pas ainsi, car tu sauras qu'il va nous arriver un convive que j'attends, et duquel j'ai fait ce matin la rencontre, dit Minard en souriant.

— Ah ! je devine ; Gobinac, mon amoureux, sans doute, n'est-ce pas, mon père?

— Non pas, mais Laridon.

— O ciel ! ce vilain homme que je déteste et qui me fait si peur ; je croyais pourtant, depuis trois mois qu'il n'est venu ici, que nous étions pour toujours débarrassés de ses visites et de sa présence, et que je ne l'entendrais plus me parler du sot amour qu'il dit avoir pour ma personne.

— Ne te fâches pas, Denise, et n'aies aucune crainte, car je ne te quitterai pas tant que ce Laridon sera ici ; mais, vois-tu, enfant, je n'ai pu refuser de le recevoir en apprenant de sa bouche qu'il avait à s'entretenir secrètement avec moi d'une affaire de la plus haute importance qu'il se propose de me communiquer ce soir.

— Prenez garde, mon père, cet homme, ce mauvais sujet en veut à votre bourse, et souhaite d'agir, avec elle, comme avec celle de ce pauvre Gobinac qu'il a vidée tant de fois.

Détrompe-toi, Denise, car, ainsi qu'à nous, le bonheur a souri à Laridon, dans lequel tu ne vas plus retrouver le misérable chevalier d'industrie, à peine vêtu, dont nous fîmes la rencontre, il y a cinq mois, dans une fête publique, mais bien un homme, enfant chéri de la fortune, que son intrigue a poussé à la cour où il vit, dit-il, dans l'intimité des plus grands seigneurs dont il a pris le ton et les allures. Ainsi donc, à tous péchés miséricorde; or, oublie pour un instant ta rancune pour Laridon, et empresse-toi de mettre son couvert.

La jeune fille ne répliqua rien à ces dernières paroles et s'empressa d'obéir pour, après avoir placé un troisième couvert, s'en aller à la cuisine surveiller le diner, préparé par ses jolies mains.

A peine la jeune fille s'était-elle retirée, que les traits de Minard perdirent aussitôt cette expression joyeuse dont ils étaient empreints en présence de Denise; le sourire s'effaça des lèvres du docteur, dont tout le visage s'imprima d'une tristesse profonde, de qui les yeux inquiets firent le tour de la chambre comme pour s'assurer que personne n'était là à épier ce subit changement. Alors, un profond soupir s'échappa de son sein, son regard s'éleva vers le ciel, et ses lèvres, qu'agitait un mouvement nerveux, murmurèrent ces mots :

— O mon Dieu! grâce! pitié pour elle

qui est innocente, et ne punissez jamais que moi.

Cette prière fut interrompue par le bruit de la cloche qui annonçait l'arrivée d'un visiteur, auquel Denise s'empressa d'aller ouvrir la porte de la rue pour reconnaître Brizard dit Laridon, dans l'homme élégant qui saluait sa présence par le plus gracieux sourire.

— Bonjour, adorable Denise, la fleur des beautés passées, présentes et futures, dit le visiteur en prenant la main de la jeune fille pour la porter à ses lèvres. Parole d'honneur ! depuis trois mois que je suis, bien malgré moi, privé de votre présence, je vous retrouve encore embellie, et mon amour, à votre vue, ne se réveille qu'avec plus de force, ajouta Laridon avec enjouement et du ton de l'extrême galanterie.

— Donnez-vous la peine d'entrer, monsieur; mon père vous attend, répliqua Denise, les yeux baissés, en indiquant du geste le chemin au complimenteur.

— En effet, ce cher docteur m'attend pour partager son dîner; aimable invitation pour laquelle je viens de refuser celle d'un grand seigneur de mes amis, chez lequel j'aurais trouvé bombance et joie, mais non d'aussi beaux yeux que les vôtres qui, certes, méritent toute préférence.

Cela dit, et prenant la main de Denise, Laridon pénétra dans la maison où Minard, venu au-devant de lui, l'accueillit avec cordialité et lui offrit une place au feu, où ils se mirent à causer ensemble, tandis que Denise, retournée à la cuisine, mettait la dernière main au dîner.

— Minard, permets, mon cher, que je te complimente sur l'heureux changement que je remarque dans ta position. Ah ça, il paraîtrait que les malades se sont enfin décidés de se confier à tes bons soins, disait Laridon, paresseusement étendu dans un fauteuil, d'un air où perçait la protection, et en promenant son regard autour de la chambre.

— Non, je n'ai plus à me plaindre de mon sort; grâce au ciel, je gagne assez d'argent pour vivre maintenant à l'aise et honorablement; mais toi, Laridon, as-tu donc eu l'esprit de faire fortune dans l'espace des quelques mois que nous sommes restés sans nous voir?

— Fortune... pas positivement; mais je suis en bon train.

— Remplirais-tu quelque poste important?

— J'en remplis vingt à la fois, mon cher, et si tu désires que je te fasse franchement connaître l'état de ma position, tu n'as qu'à me prêter l'oreille, et tu sauras sans plus de façon, que le jeu, dont j'ai su corriger la mauvaise chance, et qui, par ce moyen, m'est toujours propice, entretient ma maison, ma table et mon vestiaire;

je te dirai encore que, pour bien employer le temps, j'ai lié connaissance avec tout ce que la cour et la ville renferment de seigneurs riches et libertins, qui tous à l'envie, jeunes et vieux, employent mes petits talents que j'ai mis tout à leur service.

— Et ces talents consistent?...

— En mille petits services. Comprends-moi : il est des démarches, des soins, des marchés que ne peut faire, tenter ni passer un grand seigneur, sans courir le risque de se compromettre. Il est de la dernière nécessité pour les grands de la terre d'avoir sous leur main un homme qui connaisse toutes les jolies filles de Paris, les usuriers, les fournisseurs ; un homme, espèce de bouc auxiliaire, qui ne recule devant nulle entreprise, ne craigne ni Dieu, ni diable, ni la prison, ni même un coup d'épée au besoin, lequel puisse à l'occasion servir d'endosseur, de prête-nom, d'homme de paille, bon à mettre en avant et à désavouer sans qu'il en résulte le moindre petit désagrément ; eh bien ! cet homme précieux, c'est moi, qui, à toutes ces rares qualités, joins encore celle d'être un tyran dont le pouvoir domine exclusivement le parterre de la Comédie-Française, ce qui fait que les acteurs et les actrices me craignent comme le feu, et paient généreusement mon amitié, ou, pour mieux dire, mon silence ; moi, dont le pouvoir s'étend encore sur les académies du jeu de billard et du jeu de paume où mes arrêts sont sans appel ; enfin, moi, l'homme utile, indispensable, dont chacun se sert en coopérant à sa fortune. Tu sais tout, maintenant, termine Laridon.

— En effet, avec une telle industrie, autant de dévouement, tu ne peux manquer d'occupation et d'aller loin, fort loin, peut-être même plus que tu ne voudrais, dit Minard en souriant ; puis, reprenant : Mais, jusqu'alors, tu n'as pas encore abordé la grande affaire qui t'amène ici, dit-il.

— Je te la garde pour la bonne bouche, car il ne s'agit rien moins que de te faire ouvrir le chemin des honneurs, des emplois, et de gagner une prompte et facile fortune.

— Explique-toi vite, Laridon !...

— Non, pas encore, après dîner ; alors, tu feras en sorte que nous soyons seuls.

— Mais tu veux donc me faire mourir d'impatience? Parle, parle vite, et ensuite nous n'en souperons que plus gaiement, dit Minard, curieux et impatient.

— Volontiers! écoute et réponds... As-tu des préjugés?

— Dame! cela dépend, répond Minard un peu embarrassé.

— Par exemple, attaches-tu quelque importance à ce qu'on appelle l'honneur d'une femme?...

— Quelque peu.

— Sottise ; n'importe !... Ainsi, ta fille pourrait devenir demain la maîtresse d'un haut et puissant seigneur...

— Je refuserais, interrompt vivement Minard.

— Mais si la fortune de Denise, la tienne, devenait le prix de ton indulgence ?... interroge Laridon en fixant sur le médecin un regard scrutateur.

— Je refuserais, te dis-je ; l'honneur de ma fille m'étant cent fois plus cher que toutes les richesses du monde.

— Grandes phrases auxquelles je n'ajoute aucune foi. Saches donc que je veux faire de ta fille la maîtresse d'un ministre,

d'un comte ! Maintenant, que deviennent
tes scrupules, ami Minard? demande Laridon d'un ton triomphant.

— Fusse pour être celle du roi, que je
m'y opposerais. Ainsi, Brizard, assez causé
là-dessus, et si telle est la grande affaire
dont tu voulais m'entretenir, je t'avouerai
franchement que je me serais fort bien
passé de l'entendre, ainsi que de ta visite.

— Malpeste ! docteur, quelle rigidité de
mœurs, ou plutôt que de faiblesse, de scrupules maladroits ! Cependant, ne prenant
pas tout à fait ton refus au sérieux, je t'accorde huit jours pour réfléchir, et si tu te
décides, viens t'entendre avec moi à mon
hôtel de la rue des Trois-Pavillons, où je
te recevrai en qualité d'ami intime et

d'homme adroit, dit Laridon en se levant et se disposant à partir.

— N'attends ni ne compte sur une pareille bassesse de ma part, répond Minard d'un ton brusque en se disposant à reconduire Laridon qui, après quelques mots encore, prit congé du médecin avec un rire sarcastique.

— Au diable cet infâme! ce dangereux ami!... vendre ma fille, mon bien le plus précieux, mon unique bonheur, celle pour qui je me suis fait!... oh! jamais, jamais! Ainsi murmurait Minard en regagnant la chambre où, en rentrant, il trouva Denise en train de couvrir la table des mets qu'elle avait préparés, et qui, d'un air surpris, s'empressa de lui demander ce qu'était devenu leur convive.

— Parti, l'infâme ! pour ne plus revenir, je l'espère, répondit Minard d'un ton colère.

— O ciel ! que vous a donc fait cet homme, bon père ?...

— Rien, mais entendre d'odieuses paroles.

— Alors il ne soupera pas avec nous ?

— Dieu m'en garde !

— Ah ! tant mieux ! Et comme Denise

disait ainsi d'un air joyeux, la cloche de la porte se fit entendre.

— Qui peut donc venir à cette heure? dit Minard.

— Sans doute un pauvre malade qui vous fait appeler, bon père; je vais ouvrir.

— Non, il commence à faire nuit, laisses-moi y aller; peut-être est-ce Laridon qui revient et que je veux recevoir moi-même. Cela dit, Minard s'empressa de se rendre à la porte de la rue, dont le visiteur impatient ne cessait d'agiter la cloche et dans lequel il reconnut Gobinac.

— Comment, gaillard, c'est vous qui faites autant de bruit ?

— Cadédis ! jé lé crois bien ; né savez-vous pas qué par le temps qui court, il n'est nullement prudent dé rester dans les rues lorsqu'il fait nuit, répond le gascon tout en s'empressant de refermer la porte derrière lui.

— Comment, vous ici à cette heure, monsieur Gobinac, vous n'avez donc pas peur ce soir des assassins de la Cité ?

— Sandis ! uné peur affreuse, au contraire, madémoiselle Dénise ; mais vous m'aviez récommandé dé faire raccommoder votre fuseau et dé vous lé rapporter cé soir, cé à quoi jé n'aurais voulu manquer pour tout au monde.

— Merci, M. Gobinac; et si par la même occasion vous voulez souper avec nous, vous nous ferez grand plaisir.

— Sandis! très volontiers, si vous m'accordez en sus la permission dé coucher ici; car, pour un million jé né m'en irais pas cinq minutes plus tard, céla dans l'intérêt dé l'enfant dé ma mère.

— Vous ne coucherez pas ici, Gobinac; mais je m'engage de vous accompagner jusque chez vous après le souper, dit Minard.

— Non, mon père, je ne veux pas que vous vous exposiez, car les assassins qui désolent ce quartier ne vous épargneraient pas plus qu'un autre, et M. Gobinac couchera cette nuit dans cette salle, où je lui dresserai un pliant, avec votre permission.

— Comme il te plaira, mon enfant; or, à table et au diable la peur. Là-dessus, et Minard en ayant donné l'exemple, Gobinac et Denise se placèrent au petit couvert.

— M. Gobinac, savez-vous s'il est vrai qu'on soit parvenu à arrêter quelques-uns des bandits qui désolent le quartier ainsi que le bruit en a couru ce matin? demanda Denise tout en mangeant.

— Hélas! non, mademoiselle Denise, ces infâmes brigands, ils se cachent si bien, qu'il est impossible dé mettre la main dessus ; mais patience ! lé lieutenant dé police va, dit-on, doubler lé service dé nuit, alors, malheur à ces misérables, que j'irai voir pendre avec un plaisir extrême, sandis !

— Et vous pensez, Gobinac, qu'ils ne pourront échapper plus longtemps aux recherches et aux traquements de la police ? s'informe Minard.

— Sandis ! j'en suis certain.

— O bonheur ! au moins je n'aurai plus à trembler pour vous ni sur vous comme cela m'arrive, cher père, chaque fois qu'il faut, la nuit, vous rendre auprès d'un malade.

— D'où je reviens toujours bien portant et sans fâcheuse rencontre ; ce qui me porte à croire qu'il n'y a point autant de danger à courir qu'on le suppose, répond Minard.

— Comment pouvez-vous douter un seul instant de l'audace de ces assassins, mon père, lorsque déjà vingt fois, depuis quatre mois, il vous a fallu courir vous-même au secours de leurs victimes et les ramasser sanglantes sur le pavé de la rue? répliqua Denise.

— Et dire que du premier de ces crimes date votre réputation, fait observer Gobinac.

— Oui, le public reconnaissant m'a tenu

compte de mes efforts à secourir les malheureux frappés par ces barbares, dit Minard.

— De là aussi, monsieur Gobinac, date la certitude que j'ai acquise que vous êtes un poltron, fait entendre Denise en souriant.

— Sandis! dites un homme prudent qui sé ménage afin dé pouvoir vous adorer plus longtemps, ma belle Dénise, et céla, malgré votre cruauté à l'égard d'un jeune homme sensible, du tendré Gobinac, qui né démande pas mieux qué d'être votre époux et dé vous protéger toute sa vie.

— Entendez-vous, bon père, ce monsieur qui, en votre présence, ose me parler de sa flamme?

— Ignores-tu, Denise, que je l'ai autorisé à te faire sa cour? que je te verrai avec plaisir devenir la femme de ce brave garçon?

— Sandis! et moi donc, j'en mourrais dé plaisir et dé bonheur. Allons, madémoiselle Dénise, un peu dé pitié pour moi, un bon mouvément en ma faveur, dit le gascon d'une voix suppliante.

— Eh bien! attendez encore.... Peut-être: car je vous estime, monsieur, répondit Denise embarrassée et les yeux baissés.

— C'est cela, Gobinac, confiez au temps,

à votre amabilité, le soin de la vaincre entièrement, ce qui ne peut tarder, car de l'estime à l'amour il n'y a qu'un pas à franchir, dit Minard.

III.

Nouveaux personnages.

Deux jours auparavant les incidents contenus dans notre dernier chapitre, et par une froide et neigeuse nuit, un jeune et beau cavalier de vingt-quatre ans au plus et ayant noms Antonin de Courvale, était venu frapper, sur le minuit, à la porte de l'auberge du Soleil-Levant, située rue Saint-Jacques, et demander un gîte, bon feu et bonne chaire, car il se mourait de fatigue, de froid et de faim. Ce même jeune homme, de qui la bonne mine prévenait en sa faveur, bien accueilli par l'aubergiste, fut aussitôt installé dans la plus belle chambre de l'auberge et servi selon ses désirs et ses volontés malgré l'heure avancée, et que la plupart des serviteurs de la maison fussent livrés au sommeil. Antonin de Courvale, à ce qu'il apprit tout de suite à son hôte, arrivait en droite ligne de la ville d'Auxerres, sa patrie, et ne faisait que précéder de quelques jours madame la baronne veuve de Courvale, sa mère, qu'un procès interminable et à terminer, qu'elle soutenait depuis dix ans contre la famille de feu son époux, amenait à Paris. Là-dessus, l'aubergiste qui, le bonnet à la main, venait respectueusement d'écouter parler le jeune homme, s'empressa d'assurer ce dernier que, si madame la baronne, sa mère, daignait se fixer dans son auberge le temps qu'elle devait passer à Paris, on aurait pour elle et pour monsieur son fils tous les égards dûs à des gens d'aussi noble et haute condition.

— C'est ce dont décidera ma mère, de qui la volonté est ma loi suprême, mais en attendant sa décision, apprenez-moi, cher hôte, ce qu'il y a de curieux à voir dans cette grande ville que je visite pour la première fois, répondit et demanda Antonin de Courvale.

— Ce qu'il y a de curieux à voir, monseigneur? Une foule de choses admirables, telles que l'Opéra, la Comédie-Française, spectacles enchanteurs et tous peuplés de jolies femmes, dont nos grands seigneurs font leurs délices, et chez lesquelles votre bonne mine vous promet entrée, succès et plaisirs; il y a encore grand nombre de curiosités et d'académies, de lieux bons et d'autres mal famés où notre noblesse se donne rendez-vous et y prend ses ébats ; mais ce qu'il y a présentement à redouter le plus dans cette ville, ce sont les assassins de la Cité, brigands invisibles qui portent l'effroi dans tout Paris, lesquels après être tombés à l'improviste sur les imprudents attardés, les poignardent sans miséricorde; ceci est pour vous donner avis, monseigneur, d'agir prudemment et de ne pas cheminer seul, la nuit, de par les rues de ce quartier maudit.

— Grâce à ma bonne épée qui me quitte rarement, je brave les attaques de ces misérables, dont la réputation formidable est venue jusqu'à notre province.

— Oh! n'importe! eussiez-vous le courage et la force du lion, que vous ne pourriez encore vous méfier trop, parce que ces assassins sont, dit-on, fort nombreux et très agiles. Croyez-moi, monseigneur, gardez-vous de rentrer dans la nuit à des heures trop avancées et surtout évitez de traverser la Cité.

— Merci, merci de l'intérêt que vous

me témoignez, mon brave, et comptez sur ma prudence.

Le lendemain de cet entretien et de son arrivée à Paris, Antonin de Courvale, après avoir soigné sa toilette, quitta son auberge pour s'élancer fringant et fier par la ville, et porter ses pas au hasard, désireux d'attendre l'arrivée de sa mère avant d'entamer l'affaire importante qui les amenaient à Paris, notre jeune homme ne s'occupa donc ce jour qu'à parcourir la ville et à en visiter les monuments et les curiosités. Le lendemain, même sortie, même distraction, et comme sur les quatre heures de l'après-midi, Antonin traversait le jardin des Tuileries, un jeune mousquetaire l'arrêta au passage pour tomber ensuite dans ses bras et l'embrasser.

— Comment, tu es à Paris, mon cher de Courvale, mon compatriote, mon ami d'enfance, et je n'en savais rien, disait le mousquetaire joyeux, en pressant amicalement la main du jeune provincial.

— Oui, depuis deux jours à Paris, d'où je te croyais absent, mon cher Montigny, d'après la dernière lettre que j'ai reçue de toi à Auxerres, et dans laquelle tu m'annonçais que tu devais quitter sous un mois le service et la capitale, pour aller te marier à Marseilles et y vivre dans la famille de ta femme.

— Oui, telles étaient mes intentions si le sort, jaloux du bonheur que je me promettais dans cette union, n'avait permis qu'un rival audacieux enlevât ma future, qui, d'accord avec lui, est allée de l'autre côté du détroit lui donner sa main, après lui avoir, d'avance et depuis longtemps, donné son cœur, dit gaiement Montigny, jeune et beau mousquetaire de vingt-six ans.

— Cette aventure, qui a dû te contrarier fort, t'a, sans doute, décidé à demeurer garçon ?

— Au contraire, mon cher, elle n'a fait qu'augmenter en moi la volonté de prendre femme, femme belle et riche, tant il est vrai que l'obstacle augmente le désir.

— En cette circonstance, et avec le mérite que je te reconnais, je pense que tu n'as qu'à vouloir pour pouvoir.

— Du tout ! Ne t'y trompes pas, de Courvale, car voici le cinquième mariage qui m'échappe en dépit de ma volonté et du prétendu mérite dont ta généreuse amitié veut bien me gratifier. Mais laissons-là mes tribulations matrimoniales et dis-moi combien de temps tu passeras à Paris, où tu loges et ce que tu fais.

Antonin s'empressa de satisfaire la curiosité de son ami, lequel, en apprenant qu'il habitait une auberge, l'engagea fort à abandonner cette demeure pitoyable, et l'ignoble quartier dans lequel elle était située, pour venir habiter et partager le petit appartement qu'il occupait à la Place-Royale, quartier fort à la mode en ce temps-là.

Merci de ton offre obligeante, mon bon Montigny, mais tu me permettras d'attendre l'arrivée de ma mère avant de changer de domicile; l'excellente femme devant me rejoindre sous peu et m'ayant elle-même indiqué comme point de rendez-vous l'auberge que j'habite.

— Alors, permets que je devienne ton inséparable, ton cicérone dans cette ville, et que je t'en fasse partager les délices ; enfin, que je te consacre tout le temps que me laisse mon service, lequel de quinze jours ne me rappellera à Versailles que j'ai quitté ce matin.

— Je me livre à toi, Montigny ; heureux cent fois d'avoir pour guide et pour société dans cette Babylonne, un aussi joyeux compagnon que toi.

— Lequel veut débuter par t'offrir à dîner dans un des plus renommés cabarets que nous ayons ici, pour ensuite te mener passer la plus délicieuse des soirées chez d'aimables et joyeuses danseuses d'un de nos petits théâtres.

— Un bon dîner, des jolies femmes, tout cela me va à merveille ! Disposes de moi, maître, car je me livre à toi.

— Dont je réponds à madame ta mère, de corps et d'âme, répliqua Montigny.

— Même en dépit des assassins de la Cité ? demanda en riant Antonin.

— Bah! tu connais déjà ces prétendus coquins de réputation?

— Grâce à la tendre sollicitude de mon hôtelier, qui m'a conseillé de me tenir sur mes gardes.

— Sottise! terreur panique, bonne tout au plus pour effrayer cette lâche bourgeoisie, dont la frayeur grossit le danger, car ces assassins tant redoutés, ne sont autres, dit-on, qu'une bande d'ivrognes, qui, chaque nuit, s'amusent à se battre et à faire tapage dans le cloaque impur qu'on appelle la Cité; quartier infecte, où la lie de la population a planté son camp; où jamais, homme qui se respecte, n'a mis et ne mettra le pied de sa vie.

Tout en causant ainsi, les deux amis qui avaient quitté le jardin des Tuileries pour gagner la rue des Feuillants et celle Saint-Honoré, après avoir longé cette dernière, atteignirent la demeure d'un célèbre cabaretier chez qui ils furent s'attabler.

La huitième heure du soir sonnait, lorsque, las de manger et de boire, la tête échauffée, Antonin et Montigny se dirigèrent, bras dessus et bras dessous, en fort belle humeur, vers le boulevart du Temple, où force parades arrêtèrent leurs pas, où, après avoir laissé Antonin rire un instant des farces et gaudrioles que messieurs les Gilles et les Cassandres exécutaient en plein vent sur leurs tréteaux, Montigny l'entraîna non loin de là pour pénétrer avec lui dans une allée obscure, grimper un étage et l'introduire dans un appartement où deux jeunes femmes, au regard hardi, la bouche souriante, vinrent à leur rencontre.

— Mon cher Antonin, permets que je te présente, dans ces nymphes attrayantes, deux de nos plus agréables sujets du théâtre des grands danseurs du Roi, la belle Estelle, objet de mes affections, et la jolie Manette, dont le cœur inoccupé est ouvert au plaisir et n'attend qu'un vainqueur. Avis à toi, dit Montigny, tout en entourant de son bras la taille de guêpe d'Estelle, petite blonde à la mine spirituelle et égrillarde.

— Asseyons-nous, monsieur, et faisons connaissance, dit Estelle en s'adressant à

Antonin, tout en l'entraînant vers un sopha, où le jeune homme, d'abord assez embarrassé, se plaça entre elle et Manette; cette dernière, gentille brunette aux yeux noirs et surtout faite au tour.

— Çà, mes colombes, avons-nous pour habitude de causer à sec? fit entendre Montigny, le corps penché sur Estelle, à qui ses lèvres appliquaient de fréquents baisers, que la danseuse rendait avec usure.

— Nous attendons vos ordres, nobles seigneurs, répondit Manette.

— Alors du champagne, du xérès! Cette réponse faite, Estelle agita le cordon d'une sonnette, au bruit de laquelle apparut une vieille femme, à l'air renfrogné, qui, après avoir reçu des ordres, s'en fut pour revenir presque aussitôt chargée des vins demandés, et d'un plateau de pâtisserie qu'elle déposa sur une table pour disparaitre ensuite.

Inutile de rendre compte de la façon dont nos deux couples employèrent les trois heures qu'ils passèrent ensemble ; de dépeindre leurs faits et gestes durant ce laps de temps ; mais, il suffit de dire que la pendule marquait minuit lorsque les deux amis quittèrent les danseuses, dont le teint était des plus animé, que Montigny était entièrement ivre, et qu'Antonin, tout à fait apprivoisé, après avoir déposé deux baisers sur la bouche de Manette, lui murmura tendrement : à demain, ma toute belle ; ce à quoi la jeune fille s'empressa de faire chorus de la meilleure grâce possible.

Descendus sur le boulevart, Montigny, à qui Antonin de Courvale servait d'appui, d'une voix saccadée, proposa au jeune homme d'aller achever la nuit chez lui, s'engageant à le reconduire le lendemain à son auberge, où ils déjeûneraient gaiement ensemble ; à quoi Antonin consentit volontiers : d'abord parce qu'il ne pouvait abandonner son ami dans l'état d'ivresse dans lequel il le voyait, puis, qu'il n'était rien moins sûr que de retrouver son chemin à pareille heure, la nuit et les rues étant noires en diable.

Arrivés à la Place-Royale, et au coin

de la rue du Pas-de-la-Mule, Montigny fit retentir le heurtoire de la porte d'un grand hôtel, porte que vint ouvrir un suisse en jaquette et la tête ornée d'un noble bonnet de coton, lequel, après avoir reconnu son locataire, livra le passage à ce dernier ainsi qu'à son compagnon, et poussa même la complaisance jusqu'à aider Antonin à monter le mousquetaire dans son appartement, situé à un petit entre-sol, séjour charmant et richement meublé, où Montigny, que le grand air avait encore plus enivré, après s'être jeté sur une chaise longue, s'endormit profondément sans vouloir écouter Antonin, qui lui conseillait de se mettre au lit. Voyant ses efforts inutiles, de Courvale laissa donc ronfler son homme et s'en fut s'installer sur un fauteuil, dans l'espoir d'y chercher un peu de repos, n'osant pas se permettre de disposer, de sa propre autorité, du lit de son ami.

Il y avait près d'une heure qu'Antonin essayait de perdre connaissance sans y parvenir, tant le vin qu'il avait bu dans la soirée agissait violemment sur ses nerfs, lorsque le souvenir de sa mère vint se présenter à sa pensée. — Imprudent! si elle était arrivée, si elle attendait mon retour pour me presser dans ses bras; que serait son inquiétude en ne me voyant pas rentrer de la nuit? Pauvre femme! elle si tendre, si facile à s'allarmer sur son fils, elle serait capable d'en mourir... Oh! non, non, je ne dois pas, je ne peux pas découcher! Il faut que je rentre chez moi à l'instant même; il le faut absolument par égard et par respect pour le repos de ma bonne et honorée mère. Tout en disant ainsi, Antonin remettait son épée à son côté pour ensuite prendre son chapeau et gagner l'escalier, puis la cour de l'hôtel, dont il se fit ouvrir la grande porte après avoir éveillé le suisse, par qui il se fit indiquer le chemin qu'il avait à prendre pour se rendre rue Saint-Jacques. Un écu de six livres qu'il lui plaça dans la main, récompensa le cerbère de sa peine, et Antonin, bien enseigné, s'élança dans la rue, traversa la Place-Royale, gagna la rue Saint-Antoine, puis le bord de l'eau jusqu'au pont Notre-Dame, qu'il traversa d'un pas rapide. Ce fut alors que notre jeune homme, prêt à s'enfoncer dans la rue dite de la Juiverie, rue horrible et étroite qui traverse la Cité d'un bout à l'autre. Antonin donc, malgré tout le courage dont il était pourvu, hésita un instant. D'abord, il doutait si cette ruelle infecte était bien celle que lui avait dit de prendre le suisse de Montigny; puis, se sachant dans cette Cité tant redoutée, les conseils de son aubergiste et le danger qu'on disait y avoir à parcourir ce quartier la nuit, revenaient en foule à sa pensée. Au moins, si quelqu'un pouvait de nouveau le renseigner; mais, non! Antonin avait beau regarder autour de lui, chercher des yeux, tout était sombre, silencieux et désert comme un tombeau; pas une âme n'apparaissait; nul bruit autre que celui du clapottement des eaux du fleuve qui coulait sous ses yeux ne se faisait entendre.

— Mille dieux! suis-je donc devenu une poule mouillée? que signifie cette sotte terreur? Allons, allons, pas de faiblesse, et malheur à celui qui osera se risquer à moi, murmura Antonin en saisissant la poignée de son épée et en s'élançant dans le gouffre, autrement dire dans l'infecte rue de la Juiverie, où à peine avait-il fait une dizaine de pas, il se sentit frapper par derrière et au côté droit de deux coups de poignard.

—Au secours! au secours! s'écria d'une voix lamentable le jeune homme, qui se sentait défaillir, et, voulant poursuivre son assassin, qu'il voyait fuir du côté de la Seine, roula bientôt sur le pavé de la rue, sanglant et sans connaissance.

Aux cris d'allarme poussés par Antonin, quelques habitants de la rue, éveillés en sursaut, s'empressèrent de quitter leur lit, pour ouvrir leur fenêtre et éclairer la rue par le moyen de leurs lanternes.

— N'apercevez-vous rien, monsieur Raffalard? Il me semble avoir, tout-à-l'heure, entendu crier au secours, s'informait un habitant en s'adressant à son voisin d'en face.

— Oui, monsieur Chamurret, j'ai entendu, bien entendu. Encore ces brigands qui recommencent leurs atrocités. Sans doute un malheureux qu'ils assassinent en ce moment.

— Voisin, c'est sous ma fenêtre qu'on vient de crier, dit une vieille femme en s'adressant à MM. Chamurret et Raffalard, tout en dirigeant sa lumière sur le pavé de la rue. En ce moment la porte d'une boutique s'ouvrit pour en laisser sortir plusieurs jeunes gens armés de bâtons et munis de lanternes, qui tous s'empressèrent de jeter leurs regards de droite et de gauche, pour apercevoir aussitôt le corps sanglant d'Antonin couché sur la terre.

— Encore une victime de ces scélérats ! Hâtons-nous de secourir ce malheureux, s'écrièrent les jeunes gens, auxquels d'autres voisins, rassurés par leur présence, vinrent se joindre à peine vêtus, et tous armés.

— Mes amis, appelons le guet !

— A quoi bon ! il est toujours où sa présence n'est pas nécessaire ; empressons-nous plutôt de porter ce malheureux chez le bienfaisant docteur Minard, ainsi qu'on le fait chaque fois qu'il arrive semblable malheur dans le quartier, propose un voisin.

— Oui, chez le secourable médecin, l'excellent homme, le vertueux Minard, qui le sauvera encore comme il en a sauvé tant d'autres, dit une voisine de sa fenêtre.

— En v'la un de médecin qui s'prépare une fameuse place dans l'Paradis, ous qu'il ira tout droit.

— Il respire encore. C'est un jeune homme.

— Et un noble, pour sûr.

— Dépêchons, car il perd tout son sang.

— Mais, voyez donc, si c' te gueuse de police montrera tant seulement son nez, et c'pendant nous faisons assez d'bruit, j'espère? observe un des boutiquiers.

— C'est une infamie de sa part, de laisser ainsi assassiner la bourgeoisie !

— La bourgeoisie ! elle s'en fiche bien ; bon, si c'étaient leurs seigneurs, leurs nobles qu'on égorge ainsi ; mais nous autres, bernique !

— Eh bien ! payez donc la taille, ayez

donc un lieutenant de police pour ne pas être mieux gardé que cela !

— Cela révolte ! C'est une abomination !

— Je suis fort étonné de ne pas encore avoir vu accourir ce bon M. Minard au secours de cet infortuné.

— C'est que le brave homme qui dort ignore ce qui vient de se passer, sans cela, il eût été le premier près de la victime, comme cela est chaque fois que le malheur arrive et qu'il entend demander du secours.

— Enfin, comme cela lui est arrivé déjà deux fois cette semaine.

Durant tout ce colloque entre voisins et commères, chacun porteur d'une lanterne, deux habitants du quartier s'occupaient d'arrêter le sang d'Antonin en attendant l'arrivée du médecin Minard, que plusieurs d'entre eux étaient allé chercher. Minard, qui tarda peu à paraître, qui arriva empressé, essoufflé, les jambes nues et le corps enveloppé seulement d'une robe-de-chambre. Minard, duquel la foule, qui s'était peu à peu grossie, salua l'apparition par des cris de joie et par cent bénédictions.

— Pauvre jeune homme, comme ils l'ont maltraité, les infâmes ! s'écria le médecin, d'un ton lamentable, après avoir examiné les blessures ; puis, s'adressant ensuite aux personnes présentes : Mes amis, dit-il d'un doux accent, aidez-moi de grâce à porter ce malheureux chez moi, où je serai à même de mieux le secourir dans le pressant danger qu'il court. Hâtez-vous, mes amis, car la mort nous dispute vivement sa vie prête à s'échapper.

A ces mots, les plus jeunes de s'emparer du corps d'Antonin, de l'enlever de terre avec les plus grandes précautions, puis de se mettre en marche vers la demeure du médecin.

— Allez, sauvez-lui la vie, rendez ce pauvre jeune homme à sa famille et nous vous bénirons avec elle, comme depuis longtemps nous vous bénissons déjà, vertueux et excellent Minard, criait de loin la foule en voyant le médecin marcher à côté du malade et veiller sur lui avec sollicitude.

— Denise, hâtes-toi de te lever, mon enfant, afin de venir m'aider à secourir un être qui souffre, s'écria Minard, à peine le pied dans sa demeure, où il venait de précéder de quelques pas ceux qui apportaient le blessé.

Denise, qui avait entendu son père, se hâta de sauter en bas du lit, de se couvrir le mieux possible, et de descendre vite de sa chambrette pour se présenter dans la salle où on venait d'introduire Antonin, toujours privé de connaissance, et plus pâle que la mort, la salle, où, quelques heures auparavant, dans la soirée, Denise avait donné un lit à Gobinac, sur lequel lit, notre gascon, malgré tout le bruit qui se faisait, dormait comme une marmotte en ce moment.

— De l'eau tiède, du linge ! Dépêche-toi, ma mignonne, reprit le médecin, en voyant venir la jeune fille, qui, pour obéir, se dirigea vers une autre pièce; absence dont on profita pour, d'après l'ordre de Minard, enlever Gobinac du lit et le déposer tout endormi sur le parquet de la salle, puis mettre le malade à sa place.

— Cadédis ! qu'est-cé qué c'est qué céla ? jé tremble lé froid ! murmura alors le gascon réveillé en sursaut, en promenant sur ceux qui l'entouraient un regard étonné. Sandis ! encore cés gueusards qui ont fait des leurs, reprit Gobinac instruit, en se levant précipitamment, la frayeur au cœur et peinte dans les traits, pour courir à ses habits et se revêtir à la hâte.

— Pauvre jeune homme, il se meurt. Oh! mon père, rendez-lui la vie. Pitié pour lui, mon Dieu! s'écria Denise, revenue auprès d'Antonin, après avoir jeté un regard sur cet infortuné.

IV.

Où mène la pitié.

Quinze jours plus tard, un homme, élégamment vêtu et portant l'épée ; un homme à la tête haute, au regard protecteur et dédaigneux, après être descendu d'un riche carrosse, traversait la cour d'un grand hôtel, situé rue Culture-Sainte-Catherine; puis, parvenu sous un péristyle, où se tenaient grand nombre de laquais en riche livrée.

— Conduisez et introduisez-moi auprès de Son Excellence, qui m'attend, fit-il entendre d'un ton suprême, devant lequel la valetaille qui l'écoutait s'inclina.

Sur cet ordre, notre important personnage fut aussitôt introduit, d'abord dans une vaste antichambre, où un grand nombre de solliciteurs, gens d'épée, de robe, de finance, commerçants, abbés et bourgeois attendaient qu'il plût au maître du séant de leur donner audience, et dans laquelle le valet qui l'introduisait laissa le nouveau venu pour aller l'annoncer.

Saluer les uns d'un ton protecteur, sourir aux autres, presser la main de plusieurs en répondant à leurs avances, telle fut la conduite de notre personnage.

— Oui, mon cher vicomte, je parlerai de vous à Son Excellence ce matin même, et comme elle n'a rien à me refuser, vous pouvez tout espérer. Or, tenez donc à ma disposition le petit pot de vin dont nous sommes convenus... Ah! ah! Vous ici l'abbé ; que venez-vous y faire ?

— Solliciter le ministre pour mon frère, à qui on vient de retirer sa pension après trente années de service.

— Vraiment? Mais cela est une horrible injustice dont je veux toucher quelques mots à son excellence, avec qui je suis au mieux...

— Que de bonté! mon cher monsieur Brizard, croyez que notre reconnaissance sera sans bornes.

— Je vous crois, l'abbé, mais faites qu'une centaine de louis me donnent la preuve de votre sincérité ; ajoutez à cela une autre centaine de bouteilles de cet excellent vin de Saint-Émilien et de Château-Margaux, que vous me fîtes goûter dernièrement chez vous, et votre affaire est sûre...

— Monsieur le marquis, je suis bien votre humble serviteur.

— Bonjour, Brizard... Dites-moi, savez-vous si Son Excellence le ministre s'est enfin décidée à signer la commission que je lui ai soumise il y a de çà quinze jours?

— Non, monsieur le marquis, car Son Excellence réserve cette faveur à un de mes amis que je lui ai recommandé.

— Vous!

— Oui, moi; mais comme cet ami éprouve en ce moment un extrême besoin d'argent, je pense que si vous lui offriez une petite compensation d'un millier d'écus, qu'il renoncerait volontiers, en votre faveur, à ses prétentions sur la susdite commission.

— A cela ne tienne, mon cher Brizard ; soyez donc assez obligeant pour traiter cette affaire avec monsieur votre ami, et croire à ma reconnaissance.

— Très-bien, marquis, j'en toucherai quelques mots... Que me voulez-vous, brave homme? voici une heure que vous tournez autour de moi, ce qui m'impatiente et est des plus impertinent.

— Hélas! monsieur, c'est que j'ai une prière à vous adresser.

— Voyons, qu'est-ce? hâtez-vous, le ministre m'attend.

— Je suis pauvre, monsieur, et chargé de famille.

— Après ?...

— On m'a retiré le faible emploi dont le salaire faisait subsister ma femme et mes enfants, et...

— Vous voudriez que je vous le fisse rendre; eh bien, mon cher, impossible !

— Cependant, monsieur, on dit que votre crédit auprès de Son Excellence...

— Est immense, c'est la vérité ; mais en conscience, ce serait en abuser que de l'employer pour de semblables bagatelles. Avez-vous quelqu'argent ?

— Hélas ! non.

— Alors, désolé de ne pouvoir vous être utile.

Cela dit, Brizard Laridon tourna le dos au pauvre solliciteur, pour se rendre à la voix de l'huissier qui l'appelait pour l'introduire dans le cabinet du ministre, devant lequel il parut avec autant d'audace que d'aplomb.

— Ah! ah! te voici, mauvais garnement? que faisais-tu là dedans, au milieu de cette foule avide et importune? demanda le ministre en souriant à notre homme.

— Mon métier de favori, monseigneur.

— Je comprends, tu faisais trafic de mes largesses, pendard?

— Quelque peu, monseigneur, répondit effrontément Laridon.

— Ce qui vaudrait, à tout autre que toi, mille coups d'étrivière, et la Bastille pour demeure, si je n'avais pitié de ta folie... Çà, voyons, maraud, que viens-tu m'apprendre?

— De fâcheuses nouvelles, monseigneur; enfin, que notre imbécile de médecin, qui s'est fait subitement homme à scrupules, tient bon et refuse, pour sa fille, les effets de votre généreuse Excellence.

— C'est-à-dire que cet homme ne veut pas que sa fille ait un amant, superbe désintéressement qui, à bon droit, m'étonne, d'après ce que tu m'as dit de son passé.

— Moi encore plus que vous, monseigneur, et à vous parler franchement, j'ai peine à croire à la conversion sincère d'un homme qui, jadis, pour de l'or, aurait livré le Père Éternel pieds et poings liés au diable.

— Alors, renonçons à cette petite Denise ; c'est dommage, car d'après le portrait que tu m'as fait de ses charmes, j'en étais presque devenu amoureux.

— Y renoncer ! non pas, monseigneur ; oh ! je n'abandonne pas aussi facilement la partie, et pour vous engager à la continuer avec honneur et courage, je veux vous faire connaître cette chère Denise, vous rendre fou d'amour, et, s'il le faut, l'enlever à son père pour la placer dans vos bras.

— Comment penses-tu t'y prendre pour me faire voir cette belle ?

— D'une façon aussi simple que naturelle, en vous introduisant chez elle après que j'en aurais éloigné le papa sous un prétexte quelconque.

— Fais donc, Brizard.

— Votre Excellence consentirait-elle à m'accompagner tantôt en qualité de consultant chez le docteur Minard ? s'informe Laridon.

— Volontiers, répond l'Excellence.

—Alors, monseigneur, tenez-vous prêt, car à cinq heures précises, votre très humble serviteur aura l'honneur de venir vous prendre ici.

— Non, pas ici, mais chez le comte de Prague, où je t'attendrai.

— *Amen*. Monseigneur ; à tantôt aussi les différentes petites faveurs dont je désire présenter la supplique à votre Excellence, si elle est satisfaite de mon zèle.

Encore quelques paroles, et notre chevalier d'industrie quitta le cabinet du ministre, puis quelques instants après l'hôtel, pour s'élancer dans sa voiture et ordonner à son cocher de brûler le pavé.

Ce fut vers la rue des Trois-Pavillons, où était située la demeure de Laridon, que les chevaux se dirigèrent, et au coin de cette même rue que ces fringants bucéphales renversèrent sous leurs pieds un petit homme qui traversait la rue en ce moment. Ce fut alors que Laridon, voyant le peuple crier haro sur lui, ordonna à son valet d'enlever le personnage renversé, et de le jeter dans le carrosse, ce qu'exécuta lestement ce même valet, et la chose étant faite, les chevaux, excités par le fouet, s'ouvrirent rapidement un passage à travers la foule.

— Comment, c'est vous, mon brave, que mes coursiers viennent de tutoyer ainsi, dit Laridon après avoir reconnu Gobinac dans le personnage pâle et tremblant qu'il venait de recueillir, et encore tout stupéfait par l'accident qui venait de lui arriver, demeurait sans voix et sans mouvement, blotti dans le coin du carrosse où on venait de le déposer. — Parbleu! mon cher, ne faites donc pas ainsi la carpe pâmée, car enfin, je n'aperçois nulle blessure sur votre carcasse qui vous donne le droit de tomber ainsi en syncope, et loin de vous plaindre de ce petit accident, remerciez, au contraire, le hasard qui vous met en présence d'un ami.

Comme Laridon terminait ces mots, son carrosse, que la populace avait longtemps poursuivi, entra dans la cour d'un hôtel d'assez belle apparence, pour aller s'arrêter au pied d'un élégant perron où, après avoir ouvert la portière, deux valets, et d'après l'ordre de Laridon leur maître, sortirent Gobinac de la voiture et l'emportèrent dans les appartements, où ils le déposèrent sur un sopha, à peu près inanimé et les yeux encore fermés.

— Çà, mon cher garçon, assez de momeries, ouvrez les yeux et causons un peu, dit Brizard, en frappant de la main sur l'épaule de Gobinac, lequel demeura insensible à cette façon d'agir.

— Allons, décidément cet homme est plus gravement indisposé que je ne l'avais pensé d'abord; or, en avant les grands moyens pour le rappeler à la raison, dit Laridon en s'emparant d'une cravache pour en appliquer plusieurs coups sur les épaules de Gobinac, lequel ouvrit subitement les yeux en poussant un cri et en faisant un bond qui le remit sur ses jambes.

— Sandis! après m'avoir écrasé, prétendez-vous mé couper par morceaux? s'écria notre gascon.

— Excusez, mon cher, cette façon d'agir qui, selon moi, est le remède souverain contre beaucoup d'indispositions qu'il dissipe subitement, la preuve est que vous voici guéri et tout disposé à recevoir les politesses dont un ami, que vous négligez depuis longtemps, se propose de vous combler chez lui, où vous vous trouvez en ce moment.

— Cadédis ! quel rémède ! il est pis qué lé mal ; j'ai les épaules hachées, tudieu !

— Bagatelle ! démangeaison qu'un verre d'excellent madère dissipera aussitôt. Servez ! cria Laridon à un valet qui était présent, lequel s'empressa d'apporter un plateau couvert de bouteilles, de pâtisseries et de verres, pour se retirer aussitôt après sur un signe de son maître. — A votre santé, mon cher ami, dit Laridon en présentant un verre à Gobinac.

— Du tout, jé né boirai pas, et commé jé vous rétrouve calé, jé préfère compter avec vous et qué vous mé rendiez l'argent qué vous m'avez escobardé dans votre temps dé débine ; uné douzaine dé cents livres dont la privation m'a fort arriéré dans mes pétites affaires.

— Douze cents livres! bagatelle que je consens de grand cœur à vous restituer sur les premiers fonds que m'apporteront mes fermiers.

— Né pourriez-vous mé donner aujourd'hui un tout pétit à-compte?

— Buvons et nous parlerons de tout cela après.

— Jé n'ai pas soif.

— Tonnerre! auras-tu bientot fini tes façons, paltoquet? s'écrie Laridon en colère et en frappant du pied; invitation à laquelle Gobinac ne se sentit pas la force de résister davantage, ce qui fit qu'il vida deux verres coup sur coup de l'excellent vin dont il ressentit aussitôt le bienfaisant effet.

— Maintenant, asseyons-nous et causons...

— Dé mes douze cents francs ?

— Non ; du médecin Minard et surtout de sa jolie fille.

— Dé la belle Dénise, ma future.

— C'est-à-dire de celle dont vous désiriez simplement faire votre maîtresse, vu sa pauvreté.

— Dans lé temps, j'en conviens, mais jé

suis révénu à des intentions plus honnêtes en faveur dé la vertu incorruptible dé la belle.

— Dites plutôt en faveur des écus que possède maintenant son père, n'est-il pas vrai ?

— Sandis ! non ; personne n'étant moins intéressé qué moi.

— Ah çà, Minard vous a donc offert sa fille ?

— Eh non, cadédis ! c'est moi qui la lui ai demandée.

— Et il vous l'a accordée ?...

—Certes ! comme étant un excellent parti pour elle.

— Fort bien ! Mais Denise est-elle consentente à cette union ?...

— Jé lé crois bien, ellé m'adore ! Or, vous dévez concevoir qué, prêt dé mé marier, jé dois avoir un très grand bésoin d'argent, et qué lé douze cent livres qué vous mé dévez mé sont indispensables.

— Ne vous occupez donc pas de bêtises, mon cher, et parlons sérieusement.

— Sandis ! jé parle sérieusement, j'exige même qu'en sus, vous m'indemnisiez sur lé dégat qué vos chévaux ont fait dans ma toilette.

— Gobinac, pensez-vous que ce soit sérieusement que Minard consente à vous donner Denise pour femme ?

— Jé lé crois bien, sandis ! très sérieusement.

— Fort bien ! Épousez donc, mon cher, et, pour cadeau de noce, je vous fais obtenir un riche emploi près le comte d'Argenson, et un appartement dans son hôtel.

— Plaisantez-vous, sandis ? interroge le gascon, tout palpitant de surprise et de joie.

— Je parle très sérieusement.

— Quoi, votre pouvoir s'étendrait jusqué-là, cadédis ?

-- Ignorez-vous que je suis le favori de ce ministre?...

— Alors, plus dé doute, et j'accepte l'emploi, mon cher monsieur Brizard.

— Mariez-vous donc et comptez sur moi... A propos, quelles sont les heures où vous allez chaque jour faire votre cour à Denise?

— Dé trois heures dé l'après-midi jusqu'à la brune, où jé rentre chez moi avant la nuit, céla par prudence.

— Je comprends, afin d'éviter la rencontre des assassins de la Cité, dit Brizard en riant.

— Sandis ! né riez pas, la chose est grave. Ignorez-vous qu'il y a quinze jours, ces misérables ont dé nouveau blessé un beau jeune homme, à qui, et sélon sa coutume, lé cher et bienfaisant docteur Minard a prodigué ses soins? léquel jeune homme est encore aujourd'hui chez lui, gravément malade, cé qui mé prive, la plupart du temps, dé la présence dé ma Dénise, laquelle s'est instituée la garde du jeune malade, quelle né quitte ni jour ni nuit à mon grand mécontentement.

— Sait-on qui est ce jeune homme? s'informa Laridon.

— Un fils dé bonne famille tout fraîchément débarqué dé sa province et portant lé nom dé Antonin de Courvale.

— Je ne connais pas cette famille. Mais que vient faire cet homme à Paris ?

— On a, sandis ! oublié dé mé l'apprendre.

— Mon cher Gobinac, revenons à votre affaire... j'ai presque envie de vous présenter dès aujourd'hui à Son Excellence le ministre comte d'Argenson ; qu'en dites-vous ?

— Qué l'idée est heureuse.

— Eh bien ! rendez-vous tantôt sur les quatre heures à l'hôtel du ministre, où le premier arrivé attendra l'autre, où je vais donner des ordres pour qu'on vous introduise dans le salon d'attente.

— Faites, mon cher, faites, et jé vous sérai on né peut plus réconnaissant, d'honneur ! répondit le gascon, ivre de joie, et que Laridon congédia le plus poliment du monde, après s'être entretenu quelques instants encore avec lui. Comme il n'était encore qu'une heure de l'après-midi, et que Laridon ne devait rejoindre l'Excellence qu'à trois, notre chevalier d'industrie s'en fut dans un célèbre jeu de paume où jouaient en ce moment grand nombre de seigneurs, à l'un desquels Laridon, en une partie, gagna adroitement une cinquantaine de louis d'or pour se retirer ensuite et se faire conduire grand train à la demeure du comte de Prague, chez lequel le ministre amoureux lui avait donné rendez-vous.

Sachons maintenant ce qui se passait

dans la maison du médecin Minard, tandis que l'intrigant Laridon se disposait à y introduire un riche et puissant séducteur, après en avoir éloigné le maître avec adresse.

La demie après trois heures venait de tinter à l'horloge, lorsque Minard, paré ce jour de ses plus beaux habits, embrassait Denise, dont il allait se séparer, afin de se rendre chez une duchesse qui, sur le bruit de sa haute réputation, le faisait appeler pour une consultation.

— Denise, comme madame la duchesse demeure au village d'Auteuil, situé à deux lieues d'ici, sois donc sans inquiétude, mon enfant, si je reste dehors plus tard qu'à l'ordinaire, et surtout veille bien sur notre cher malade, de qui l'état satisfaisant permet que je m'éloigne sans qu'il y ait le moindre danger pour lui à courir.

— Oh! soyez sans inquiétude, mon père, j'en aurai grand soin, et je vous promets de lui tenir compagnie pendant votre absence, afin qu'il ne s'ennuie pas trop.

— C'est ce que tu pourras faire de mieux et ce qui sera le plus agréable à ce cher malade, si bon, si reconnaissant pour les soins que nous lui prodiguons... A propos, fille, as-tu remarqué, lorsqu'il te regarde, combien ses yeux s'animent de plaisir et de bonheur?

— Non, mon père, répondit Denise, un peu embarrassée et devenant rouge jusqu'aux oreilles.

— Il serait plaisant, si ce jeune homme, étant tombé amoureux de toi, allait devenir mon gendre, dit Minard, souriant.

— Y pensez-vous, mon père, pour prendre l'expression, de la reconnaissance, de l'amitié, peut-être, pour de l'amour ; puis, oubliez-vous que M. Antonin de Courvale est de noble et riche origine, et que nous ne sommes que de pauvres gens sans titre ni fortune ?

— Qu'est-ce que cela fait ? l'amour sait mieux que tout autre rapprocher les distances. Enfin, attendons et nous verrons.

Ces dernières paroles dites, Minard embrassa sa fille une seconde fois et quitta sa demeure.

Denise, qui venait de reconduire son père, demeura quelques instants seule et pensive dans la salle du rez-de-chaussée, qu'elle quitta ensuite pour monter un étage et pénétrer dans la chambre, où, sur un lit, était étendu Antonin, amaigri, pâle et encore souffrant, lequel, en voyant entrer la jolie fille, se mit à lui sourire en l'engageant de venir s'asseoir auprès de lui.

— Volontiers, monsieur, car mon père, qui vient de me quitter, m'a bien recommandé de veiller sur vous, et de vous distraire le mieux qu'il me sera possible.....
Voyons, que préférez-vous, parler ensemble de votre bonne mère, qu'une indisposition subite empêche de se rendre à Paris, ainsi qu'elle vous l'avait promis, ou si vous

voulez que je vous fasse une lecture comme de coutume ? Choisissez.

— Ma mère, oh ! je vous ai tout dit sur elle, en vous entretenant souvent de sa bonté, de son amour pour moi, et de ses excellentes qualités ; quant à la lecture, malgré tout le charme que j'éprouve à vous entendre lire, je m'en priverai aujourd'hui, si vous voulez bien le permettre.

— Alors, monsieur, que faire ?...

— Parler, causer ensemble, de vous, Denise, dit Antonin avec âme, et en saisissant dans les siennes la jolie main que Denise, par mégarde, sans doute, venait de poser sur le lit.

— Causer ! mais vous savez bien, monsieur, que cela vous est défendu de par ordonnance du médecin.

— Oh, n'importe! vous daignerez m'entendre, n'est-ce pas?

— Parlez donc, mais pas longtemps.

— Eh bien! Denise, mon ange tutélaire, mon sauveur, je vous aime.

— Et moi aussi, monsieur, parce que vous êtes aimable, bon, et surtout très obéissant lorsqu'il s'agit, pour votre santé, de prendre de la tisanne.

— Oh! mais Denise, je vous aime plus encore, car je vous aime d'amour, et d'amour extrême!

— Monsieur ! exclama la jeune fille en rougissant et en retirant vivement sa main de celle d'Antonin.

— Ah ! je conçois qu'aussi sage et vertueuse que vous êtes belle, cette brusque déclaration puisse vous offenser, et cependant, Denise, cet amour dont je vous fais l'aveu est aussi pur que votre âme.

— De grâce ! cessez, monsieur, de me dépeindre un sentiment qui m'honore, mais que je ne puis partager, moi, pauvre fille d'obscure naissance.

— Qu'avez-vous dit, Denise ? vos vertus, votre humanité ne vous anoblissent-elles pas ? Quoi de plus noble pour mon cœur reconnaissant que celle à qui je suis redevable de la vie ? Que la sainte fille qui s'est associée à son père pour me ravir à une mort certaine ? Oui, Denise, je vous aime, je vous adore, et si vous refusez de partager ce doux sentiment, si, en récompense de votre tendre sollicitude à mon égard, vous repoussez l'offre que je vous fais aujourd'hui de mon cœur et de ma main, eh bien ! vous ne m'aurez conservé l'existence que pour me rendre le plus malheureux des hommes !

Ces paroles, dites avec âme et avec feu, plongèrent Denise dans un trouble extrême, et elle se décidait à murmurer quelques mots en réponse, lorsque la cloche de la porte de la rue, en se faisant entendre, vint la tirer d'embarras et la faire s'échapper d'auprès d'Antonin, pour courir ouvrir.

— N'est-ce pas ici la demeure du docteur Minard, mademoiselle? s'informa un jeune homme élégant, à qui Denise venait d'ouvrir la porte.

— Oui, monsieur.

— Alors, veuillez annoncer à Antonin de Courvale la visite de son ami Montigny, à qui une lettre du docteur Minard, que j'ai reçue ce matin, a appris son accident et son séjour ici.

— Donnez-vous la peine d'entrer, Monsieur, votre ami, monsieur Antonin, sera heureux de vous voir.

Cela dit, Denise introduit le jeune mousquetaire dans la maison, pour le conduire aussitôt dans la chambre du malade.

— Enfin, je te retrouve donc, mon cher de Courvale, après quinze jours de recherches et d'inquiétude, s'écria Montigny en embrassant Antonin, pour reprendre ensuite ainsi : Ah! que tu as dû souffrir! comme tu es changé! Les scélérats! Assassiner ainsi un homme!!! Mais, dis-moi, cher ami, pourquoi ne m'avoir pas écrit plus tôt? Pourquoi ne t'être pas fait transporter aussitôt chez moi, où tu aurais été cent fois plus commodément et en meilleur air que dans cet infecte quartier et dans cette lugubre demeure.

— Arrête! arrête! Montigny! et crains d'offenser, par tes discours légers, celle qui nous écoute; sache aussi, que cette maison est l'asile de la bienfaisance et de la vertu ; retourne-toi et admire l'ange qui l'habite, auquel je suis redevable de la vie, du bonheur de presser en ce moment la main d'un ami.

— En effet, sur cet admirable visage qui m'a frappé du premier abord, se peint l'assemblage de toutes les vertus, dit Montigny en saluant Denise, qui se tenait à l'écart, confuse et les yeux baissés.

— Ah ! ne tremblez pas ainsi, ma charmante demoiselle, et après vous avoir exprimé l'admiration où me plonge votre vue délicieuse, permettez-moi de vous exprimer encore ma reconnaissance, de vous adresser mes remerciements pour tout le bien dont vous avez daigné combler mon cher

Antonin, mon ami d'enfance, reprit Montigny avec douceur et noblesse, en prenant respectueusement Denise par la main pour l'amener près du lit et lui faire reprendre la place qu'elle occupait avant son arrivée.

— Oui, Montigny, c'est à Mademoiselle que je suis redevable de voir encore le jour; c'est d'elle dont mon cœur s'est vivement épris, qu'il adore et à qui je viens d'offrir ma main et mon nom, n'ayant rien de plus précieux à déposer à ses pieds.

— Vive Dieu! mais que ne m'est-il permis d'acquitter mes dettes à un pareil prix! C'est le cas de dire que le billet qui t'en reviendra, vaudra mille fois mieux que ce qu'il t'aura coûté.

Comme Montigny terminait cette phrase badine, la maudite cloche, en se faisant entendre de nouveau, força une seconde fois Denise de quitter la place pour aller ouvrir à deux hommes, et reconnaître Laridon dans l'un d'eux.

— Salut à la charmante Denise, la fleur des beautés passées, présentes et futures, fit entendre Laridon d'un ton familier et tout en s'introduisant, ainsi que son compagnon, dans la maison, accompagné de la jeune fille dont il s'était emparé de la main.

— Mon père est absent, Messieurs, dit Denise en voyant les deux visiteurs s'installer et s'asseoir dans la salle-basse.

— Fâcheux contre-temps! moi qui lui

amenais un riche client en la personne de Monsieur, désireux de le consulter sur certain cas de sa compétence.

— N'importe l'absence du cher docteur, nous n'aurons toujours pas perdu notre temps, puisque cette démarche nous procure le bonheur d'admirer, dans cette charmante demoiselle, le plus beau chef-d'œuvre de la nature, dit le comte d'Argenson d'un ton galant, souriant, et en faisant geste de prendre la main de la jeune fille qui s'empressa de la soustraire à l'intention de l'Excellence.

— Oh! ne craignez rien, Mademoiselle, car ici mon désir est de vous plaire et non de vous offenser, reprit le comte d'un ton sérieux.

— Je n'ai pas peur, Monsieur, répondit Denise, tout en se reculant du seigneur, ce qui donnait un démenti formel à ses paroles.

— Monsieur le comte, si vous désirez attendre le retour du docteur Minard; si rien ne vous appelle ailleurs, je suis persuadé que la belle Denise ne se refusera pas à vous faire compagnie; quant à moi, de qui des affaires importantes réclament la présence, vous trouverez bon que je vous quitte aussitôt, fait entendre Laridon, en se levant du siège sur lequel il était assis.

— Je dois vous prévenir, Messieurs, que mon père rentrera fort tard, et malgré tout l'honneur que me procurerait la présence de monsieur le comte, il me serait impossible de rester avec lui, le devoir et l'humanité m'appelant auprès d'un malade dont l'état exige tous mes soins, dit Denise.

— Vos soins, charmante fille? Ah! que le sort de ce malade est digne d'envie, et qu'il me serait doux d'être à sa place, et soigné par une aussi adorable créature que vous, et combien encore, avec bonheur, je baiserais la main divine qui me présenterait le breuvage secourable, fit en réponse le comte, tout en se levant pour s'approcher de Denise et la saisir à bras le corps pour essayer de lui donner un baiser, caresses que la jeune fille, honteuse et hors d'elle, s'efforçait d'éviter en se débattant et en conjurant le seigneur de la respecter.

Malgré les prières de Denise, le ministre ne continuait pas moins de la rudoyer, au grand contentement de Laridon qui, en présence de cette violence, riait à gorge déployée, lorsque Denise, révoltée d'autant d'audace, enlacée dans les bras du libertin et sentant ses forces faiblir, se mit à crier au secours d'un accent désespéré, cri que le comte s'efforçait d'étouffer en pressant de ses lèvres libertines celles si pures de la jolie fille, lorsque la porte de la salle s'ouvrit précipitamment et que Montigny fondit l'épée nue à la main sur le seigneur d'Argenson qu'il allait frapper de son arme, quand Denise détourna le fer sur lequel Laridon s'élança pour le briser entre ses deux mains.

— Monsieur d'Argenson ! s'écria alors

Montigny surpris, en reconnaissant le ministre de la guerre dans l'homme qu'il voulait châtier, lequel avait lâché et laissé fuir la jeune fille à son apparition, et lui lançait un regard où se peignaient la fureur et le dépit.

— Lui-même, monsieur, répondit le seigneur.

— Ma foi, Excellence, j'en suis fâché ; mais aussi, pourquoi venez-vous violenter les filles honnêtes, lorsqu'il y en a tant de bonne volonté et que vos caresses honoreraient, dit le jeune mousquetaire.

— Que faites-vous dans cette maison, Monsieur ?

— Je suis venu voir un de mes amis qui est malade, Excellence.

— Ainsi, ce n'est pas pour la jeune fille?

— Non, Excellence, car c'est aujourd'hui la première fois que je la vois, ce qui ne m'a pas empêché et ne m'empêchera pas de la faire respecter de tous et partout comme une fille céleste et digne d'admiration.

— Ah! Ah! monsieur se crée le défenseur de la beauté opprimée, à l'exemple de nos anciens chevaliers, à ce qu'il me paraît? fit entendre Laridon en ricanant.

— Veuillez me permettre d'en finir avec

Son Excellence, monsieur, puis ensuite, nous réglerons ensemble, car l'épée que vous venez de briser établit un terrible compte entre nous.

— Monsieur Montigny, vous allez vous rendre aux arrêts et les garder jusqu'à ce qu'il me plaise de les lever.

— Monseigneur me permettra de n'en rien faire et de demeurer ici le gardien de la beauté.

— De la rébellion! du sarcasme! Oubliez-vous qui je suis, monsieur? dit l'Excellence d'un ton sévère.

— Vous êtes monsieur le comte d'Argenson, ministre de la guerre, brave et noble seigneur, fort ami du beau sexe, et moi, Anatole Montigny, de qui Sa Majesté a daigné hier accepter la démission; ce qui fait, monsieur, qu'aujourd'hui, devenu maître de mes actions, de ma volonté et en dehors de votre juridiction, je ne me rendrai pas aux arrêts qu'il vous plaît de m'imposer, pour avoir pris la défense d'une jeune et honnête fille que vous insultiez dans la maison de son père.

— Monsieur Montigny, en dépit de votre démission, je saurai vous prouver que j'ai encore assez de pouvoir sur vous pour punir votre jactance à mon égard.

— C'est ce dont je m'informerai dès aujourd'hui auprès du roi qui, ce soir, daigne m'accorder une audience, et à qui je me promets d'exposer les faits.

Sans daigner répondre à ces paroles, qui cependant venaient de contracter fortement ses traits, le ministre reprit son chapeau, jeta sur Montigny un regard suprêmement dédaigneux et quitta la salle d'un pas rapide ; mais, comme Laridon s'empressait de suivre l'Excellence, Montigny, l'arrêtant par le collet, lui demanda son nom et sa demeure.

— Le chevalier de Brizard, répondit ce dernier d'une voix ferme et en fixant effrontément le jeune homme.

Oh! oh ! connu; à demain donc, monsieur le chevalier, reprit Montigny pour ensuite lâcher notre homme et partir d'un grand éclat de rire, auquel Laridon ne répondit que par un regard furieux et menaçant.

Après que les deux visiteurs eurent quitté la maison, reconduit courtoisement par Montigny, ce dernier s'empressa de remonter à la chambre où il trouva Denise en larmes et encore toute tremblante, puis Antonin sur un siège, hors de lui, furieux, dont la jeune fille s'efforçait de calmer le courroux; Antonin, qu'en remontant elle avait trouvé à moitié vêtu et étendu dans la chambre, où il était tombé épuisé et sans force en voulant courir à son secours.

— Oh! venez, venez le calmer, le secourir! l'imprudent! au risque de rouvrir ses blessures à peine cicatrisées, sans pitié pour sa position, s'est arraché de son lit pour voler à ma défense... Monsieur, aidez-moi à le remettre sur ce lit... Voyez, comme il est pâle, comme il souffre! s'écria Denise, en voyant paraître Montigny.

— Les misérables! oser faire violence à la vertu même! Ah! que n'ai-je pu me traîner jusqu'à eux pour les punir et venger cette ange, se mit à murmurer Antonin d'une voix faible et le courroux dans les yeux.

— Allons, allons, du calme, cher ami; et sachant à qui ils ont affaire, je doute que ces deux galantins s'avisent d'y revenir.

— Quels étaient donc ces hommes insolents et audacieux, Montigny? s'informe de Courvale.

— Deux paltoquets de fort peu d'importance, que les beaux yeux de mademoiselle avaient mis de belle humeur, et que j'ai mis à mon tour à la raison.

— Mais encore, que voulaient-ils? que demandaient-ils, ces infâmes audacieux? reprend Antonin impatient.

— Mon père, qu'ils voulaient consulter, répondit Denise, pour ensuite, d'une voix angélique, remercier Montigny du bon secours qu'il lui avait porté.

— Tudieu! mademoiselle, qui n'en ferait autant à ma place, lorsqu'il s'agit de secourir une personne telle que vous, et de châtier des lâches? Mais laissons cela et permettez-moi, belle Denise, de vous faire part des sentiments dont m'entretenait ce cher Antonin, tandis qu'en bas vous donniez audience à ces deux messieurs. Sachez donc que, rendant justice à votre puissant mérite, plus encore qu'à votre rare beauté, l'ami Antonin, si vous daignez l'y autoriser, se propose de demander votre précieuse main à votre père, et de faire de vous sa femme chérie. Qu'en pensez-vous, charmante Denise?

A cette brusque déclaration, Denise baissa les yeux, ses joues devinrent de la couleur des roses, et sa bouche demeura muette.

— Au nom du Ciel, Denise, répondez ! s'écria Antonin d'un ton suppliant.

— Allons ! je vois que ma présence gêne mademoiselle ; je vous laisse, mes amis, et vais en bas, en attendant le retour du cher docteur, avec qui je brûle de faire connaissance, m'amuser à parcourir quelques-uns des vénérables bouquins que j'ai aperçus tout à l'heure sur les rayons d'une bibliothèque ; causez donc tout à votre aise, mes enfants, et lorsque tout sera dit et convenu entre vous, rappelez-moi, afin qu'il me soit permis de vous féliciter sur votre heureuse entente. Cela dit, d'un ton joyeux, Montigny s'échappa de la chambre pour aller s'installer dans la salle-basse.

— Nous voici seuls, Denise, parlez, apprenez-moi ce que je puis espérer, hâtez-vous de rompre un silence qui m'effraie.

— Hélas! ne vous ai-je pas dit déjà, monsieur, que la fille du médecin Minard ne pouvait, ni ne devait prétendre à une alliance aussi honorable que la vôtre.

— Et moi, fille du ciel, je t'ai répondu que je te préférais, sans titre, sans fortune, à la fille d'un roi ; parce que, avec toi pour amie, pour épouse et compagne, toutes les félicités de la terre me seront acquises, parce que je t'aime, je t'admire, je t'honore, ma Denise! Parle ! oh! parle, veux-tu que je vive heureux du bonheur de te posséder? Préfères-tu que loin de toi, sans toi, ma vie étiolée, malheureuse, aille s'éteindre tristement? Prononce mon arrêt,

Denise, car je l'attends en tremblant.

En disant ainsi, Antonin, après avoir attiré la jeune fille à lui, s'était emparé de ses mains, qu'elle lui abandonnait et qu'il mouillait de ses larmes brûlantes.

— Mon Dieu! qu'exigez-vous, monsieur? Un aveu au-dessus de mes forces... Mais, votre mère, riche et puissante dame, consentirait-elle à une union aussi disproportionnée, à une pareille mésalliance? Réfléchissez, oh! réfléchissez!

— Ma mère, Denise, ma mère! mais elle ne veut que mon bonheur, et lorsqu'elle vous connaîtra, ce sera elle à son tour qui vous suppliera d'avoir pitié de son fils et de combler mes vœux..... Denise, Denise, dites, maintenant, voulez-vous devenir ma femme?

— Parlez à mon père, monsieur, sa volonté sera la mienne, murmura la jolie fille en réponse, d'une voix timide et les yeux baissés.

— Ce soir, ce soir même, Denise; mais pas avant que votre bouche divine ne m'ait assuré que votre cœur agira sans contrainte en obéissant à la voix d'un père et en comblant mes plus doux vœux.

— Parlez à mon père, vous dis-je, et s'il consent à ce que cette union s'accomplisse, eh bien!... j'obéirai, je m'estimerai honorée et heureuse.

— Denise, cher Denise, je suis au comble du bonheur ! s'écria Antonin, ivre d'amour et de joie, en couvrant les mains de la jeune fille des plus tendres caresses ; Denise, qui, émue et non moins heureuse et aimante, se laissa tomber sur le sein du jeune homme qui l'attirait à lui pour cueillir un baiser sur ses lèvres rosées, baiser délicieux, irrésistible, qui, dans tout l'être de Denise, fit circuler une volupté, un trouble inexprimable.

Le transport des deux amants ne tarda pas à être troublé par l'arrivée malencontreuse de Gobinac qui, après avoir agité la cloche, se vit ouvrir la porte par un inconnu, c'est-à-dire par Montigny qui, désireux de ne pas troubler le tête-à-tête d'Antonin et de Denise, s'était empressé d'aller lui-même recevoir le visiteur.

—Que désirez-vous, mon cher? s'informa le mousquetaire au petit tout laid, à la mine hébêtée, qui l'examinait avec surprise.

— Sandis ! cé qué jé veux, c'est d'entrer et dé voir mes intimes.

— Qu'est-ce que vos intimes, mon cher?

— Mes intimes ! Capédious ! qu'est-cé qué céla vous régarde? dit Gobinac d'un petit air rageur, en essayant de forcer le passage, mais dont Montigny contint l'ardeur en le saisissant par le collet pour le repousser dehors.

— Sandis ! vous déchirez mon frac, faites donc attention !

— Encore une fois, qui demandez-vous ici, gascon du diable ?

— Mais, jé démande la belle Dénise, ma future, à qui jé viens, comme dé coutume, faire ma cour, en plus, saluer mon futur beau-père dans la personne dé monsieur Minard.

— C'est différent ; alors, vous n'entrerez pas.

— Comment! jé n'entrérai pas! cadédis! prénez garde dé m'échauffer les oreilles, mon cher monsieur, car jé mé nomme Gobinac, surnommé la mauvaise tête.

— Seriez-vous Satan en personne, que vous n'entreriez pas en ce moment, maître Gobinac.

— Mais, encore, la raison, sandis?

— Parce que le docteur Minard étant sorti, il ne serait pas convenable que vous en contassiez à sa fille durant son absence.

— Eh! sandis! céla m'arrive tous les jours, en qualité dé prétendu dé la belle fille qué jé vais épouser; céla avec la permission du papa.

— Ah! ah! c'est donc une chose convenue?

— Certes! des plus convenues, sandis!

— Depuis quand?

— Ah çà, mais, est-cé qué céla vous régarde, cadédis? Dé quel droit mé faites-vous ces questions, et qui êtes-vous? interrogea Gobinac à bout de patience et d'un ton décidé.

— Je suis l'ami du futur époux de la belle Dénise.

—Vous! par exemple! jé né vous connais pas; or, vous né pouvez donc pas être mon ami, sandis!

— Cependant, la chose est telle que j'ai l'honneur de vous le dire.

— Cadédis! vous en avez ment...

— Chut! n'achevez-pas!

— Jé voulais dire qué vous êtes un effronté ment.....

— Silence! interrompit de nouveau Montigny, en portant la main à son épée, d'un air menaçant.

— Enfin, qué vous né savez cé qué vous dites.

— Je vous demande bien pardon.

— Et moi, jé vous soutiens lé contraire, sandis!

— De quoi?

— Comment! dé quoi; vous moquez-vous dé moi, capédious?

— Non !

— Si !

— Non !

— Ah ça, mais, vous mé faites perdre la tête, parole d'honneur ! s'écria Gobinac furieux, en frappant du pied le seuil de la porte où ce colloque avait lieu.

Heureusement, pour le pauvre gascon, que l'apparition de Denise vint mettre fin à la mystification que lui faisait endurer le plaisant et malin Montigny, depuis un quart d'heure, dans la seule intention de prolonger l'entretien d'Antonin avec Denise.

La jolie fille, après s'être arrachée des bras de son amant, accourait, émue, tremblante et honteuse, s'informer de la cause du bruit qui, en parvenant jusqu'à elle, venait de la soustraire au dangereux enivrement où, malgré elle, l'avaient entrainée les tendres discours et les caresses d'Antonin.

— Eh sandis! arrivez donc, mademoiselle Dénise, dire à cé monsieur qui jé suis et lui intimer l'ordre dé laisser entrer votre heureux prétendu, s'écria le gascon du plus loin qu'il aperçut Denise, que sa présence venait de faire rougir encore plus.

—Soyez toujours le bien-venu, monsieur Gobinac, répondit Denise.

— Du moment qu'il m'est prouvé que monsieur est un intime de la famille, je consens à lui ouvrir le passage, dit Montigny en se rangeant de côté pour laisser entrer le gascon, qui, furieux, passa devant lui la tête haute, le regard dédaigneux et fière, pour suivre Denise jusqu'à la salle-basse, où le mousquetaire, souriant à la colère de Gobinac, entra derrière lui.

— Qu'avez-vous, monsieur Gobinac, vous paraissez peu content, s'informa la jeune fille, en voyant la mine renfrognée du petit homme.

J'ai qué jé suis furieux, qué dépuis cé matin, jé n'éprouve qué d'affreuses contrariétés, capédious! Tenez, régardez mon frac; eh bien! cé sont les pieds des chévaux d'un faquin qui l'ont ainsi pulvérisé et souillé dé boue.

— En vérité! exclama Denise.

— Comme j'ai l'honneur dé vous lé dire. Mais, dévinez à qui appartiennent ces coursiers qui ont failli mé donner la mort?...

— Je ne saurai, répond la jeune fille.

— A cé pendard dé Laridon, à cé gueux enrichi, qui, pour achéver l'œuvre, m'a envoyé faire uné fonction dé quatre heures dans l'antichambre d'un grand seigneur, lé comte d'Argenson, qué j'ai attendu, et qui, à son rétour, m'a fait jéter impoliment à la porte par ses valets.

A cet aveu de Gobinac, Montigny de partir d'un grand éclat de rire au nez du gascon.

— Sandis ! la chose est donc bien plaisante, pour exciter ainsi votre hilarité? reprit Gobinac d'un ton colère.

— Excessivement plaisante, mon cher, vu que, tandis que vous vous morfondiez à attendre le comte, ce seigneur était ici, en compagnie du dit Laridon, en train d'en conter à mademoiselle.

Comme le mousquetaire terminait ces mots, à la grande stupéfaction de Gobinac, la porte de la salle s'ouvrit pour donner entrée à Minard, dans les bras duquel courut s'élancer sa fille pour en recevoir un baiser.

— Qui ai-je l'honneur de saluer, monsieur? s'informa aussitôt le médecin, en s'adressnt au mousquetaire.

— Anatole Montigny, monsieur, l'ami intime d'Antonin de Courvale.

— A ce titre, soyez le bien-venu chez moi, monsieur, dit Minard, en saluant de nouveau le jeune homme.

— Qu'avez-vous, mon père, votre front paraît soucieux? s'informa Denise, inquiétée.

— J'ai que je suis furieux d'avoir été la

dupe d'un mauvais plaisant, et d'avoir fait un voyage inutile.

— Comment! cette duchesse?...

— Elle se porte mieux que nous, et ne m'ayant jamais fait demander, cette dame a refusé de me recevoir, répond Minard à Denise.

— Cependant, cette lettre que vous avez reçue...

— N'était autre qu'une mystification.

— Dé cé gueusard dé Laridon, qui a employé cé moyen pour vous éloigner dé chez vous, afin, dans votre absence et la mienne, sandis! de pouvoir y introduire un séducteur.

— Corbleu! se pourrait-il? s'écria Minard.

Et sur ce, afin de bien le convaincre, Montigny s'empressa d'instruire le médecin de la venue du comte d'Argenson, de celle de Brizard, et de lui raconter tout ce qui s'était passé; récit qui alluma la fureur dans le cœur de Minard, qui jura de châtier Laridon pour son insolente conduite.

— Sandis! et moi aussi, jé veux rosser lé drôle pour lui apprendre une autre fois à mieux respecter ma vertueuse future. En tout cas, céci, cher beau-père, vous démontre combien il est important dé presser mon mariage avec votre aimable fille, et dé lui assurer un protecteur dans son mari.

— Vous avez raison, Gobinac, un mari qui la protége en mon absence ; décidez donc Denise afin d'en terminer au plus vite.

— Vous entendez, mademoiselle ? indiquez vous-même lé jour fortuné où il mé séra permis dé dévénir votre heureux époux.

Denise, au lieu de répondre, se mit à rougir et à soupirer en baissant les yeux.

— Ah ! çà, monsieur le gascon, ne voyez-vous pas que votre demande, faite devant un étranger, embarrasse mademoiselle ?

Laissez à son père le soin de l'amener à vos désirs et cessez de la tourmenter, dit Montigny.

— Sandis ! est-cé qué tout céla vous régarde, jeune homme ? jé pense qu'au lieu dé vous mêler dé nos affaires dé famille, vous fériez beaucoup mieux d'aller ténir compagnie à votre ami qui, tout seul là-haut, né doit pas s'amuser excessivément, répliqua Gobinac d'un ton raide et vexé.

— Allons, allons, mon cher gascon, pas d'humeur, ne nous fâchons pas, car j'ai certaine idée que cela vous porterait malheur.

— Laissons tout cela, messieurs, et en attendant que Denise nous donne à souper, allons voir notre cher malade.

— Souper! sandis! y pensez-vous, beau-père? voulez-vous donc qu'en mé rétirant dé cette maison pour régagner mon logis, qué jé mé fasse assassiner?

— Le cher Gobinac a raison, il sera onze heures auparavant que nous soyons sortis de table; où je veux, docteur, faire largement connaissance avec vous, le verre à la main, les rues ne sont pas sûres, et il y a danger certain à les parcourir à une heure indue, or, partant de là, je conseille donc à tout homme prudent de rentrer chez lui sans plus tarder, d'autant plus, qu'en me rendant ici tantôt, j'ai remarqué avec effroi plusieurs figures sinistres dans les rues de la Cité, dit Montigny en fixant Gobinac, dont le visage verdissait et pâlissait tour à tour en l'écoutant.

— Cadédis! merci dé l'avertissément, et comme voici vénir la nuit, jé mé hâte dé mé sauver au logis.

— Quoi, la peur vous fait-elle oublier que nous avons ce soir à fixer l'époque de votre mariage? interrogea Minard, en retenant par le bras le gascon, qui, s'étant déjà emparé de son petit tricorne, se disposait à prendre le chemin de la porte.

— Démain, beau-père, démain il féra jour, cadédis! et nous aurons lé temps dé parler dé tout célà. Au révoir donc, charmante amie, encore un peu dé patience et vous sérez la plus heureuse femme des femmes. Cela dit, Gobinac fit un gracieux salut à Minard, à Denise, et passant raidissime devant Montigny, sans daigner le regarder, gagna la porte et la rue, où il prit ses jambes à son cou pour ne plus s'arrêter qu'à son logis.

Une heure après le départ du gascon, le médecin, sa fille et le mousquetaire soupaient gaiement ensemble autour d'une petite table placée près du lit d'Antonin, qui lui-même prenait part à la collation, d'après la permission du docteur.

Étant arrivé au dessert, servi par les gracieuses mains de Denise, Montigny amena la conversation sur le mariage projeté de Denise avec Gobinac, puis demanda au docteur si, pour accomplir une semblable union avec un homme autant dépourvu d'esprit, de capacité, de courage et de fortune, il avait, auparavant, consulté le cœur de Denise, de Denise dont, à cette question, le visage se couvrit subitement d'une vive rougeur.

— Croyez, monsieur, que j'aime trop ma chère fille, que je m'intéresse trop à son bonheur, pour vouloir contraindre en rien ses goûts et sa volonté, et ce n'est absolument qu'après l'avoir consultée et obtenu son adhésion à cette union, que j'y ai moi-même donné mon consentement. Cependant, à vous parler avec franchise, je m'accuse d'avoir un peu influencé la volonté de la chère fille en cette circonstance, en la voyant fort peu disposée à répondre aux vœux du cher Gobinac.

— Alors, docteur, vous me permettrez de dire que, du moment qu'il y a eu influence de votre part, ainsi que vous en convenez, votre fille n'a pu agir en pleine liberté de conscience, ce dont il est facile de se convaincre en interrogeant la chère demoiselle, fit entendre Montigny.

— Je le répète, monsieur, loin de moi la coupable pensée de jamais contraindre Denise ; mais je lui ai fait entendre combien il me serait doux de lui voir un protecteur dans un époux ; que sans naissance, ni fortune, elle ne pouvait prétendre à un parti plus avantageux que l'ami Gobinac, qui paraît l'aimer d'amour sincère, dont la modique fortune suffira pour les placer ensemble au-dessus du besoin. Mieux encore, j'ai fait entrevoir à Denise combien, dans notre siècle corrompu, une fille de son âge, et belle comme elle, aurait de danger à courir, de peine à surmonter la séduction dont elle serait entourée de toutes parts, s'il plaisait au Très-Haut de me rappeler à lui, de la rendre entièrement orpheline. Denise a parfaitement compris, et, en fille prudente et sage, sans plus de contrainte, la chère petite a consenti à devenir la femme de l'honnête homme qui me demandait sa main et auquel je vais l'unir sous peu de jours.

— Halte-là ! docteur, car il n'en sera rien, et j'en prends pour garant le trouble et les larmes que votre réponse fait verser en ce moment. Il n'en sera rien, vous dis-je, parce que Denise, indifférente pour l'homme que vous lui destinez, est aimée, adorée d'un autre qu'elle estime et qui vous demande sa main aujourd'hui, dit Montigny.

— Vous me surprenez étrangement, monsieur ; mais cet autre, quel est-il ? demanda Minard inquiet.

— Moi, monsieur, moi, Antonin, baron de Courvale, dont le cœur n'a pu rester insensible en présence des qualités de votre fille, et de sa rare beauté, moi qui, en lui donnant mon nom et ma fortune, ne se croira pas encore quitte envers elle et son père, deux êtres que j'aime, que j'estime, à qui je suis redevable de la vie, répondit Antonin vivement et avec âme, tout en fixant un tendre regard sur la pauvre Denise, honteuse, émue et tremblante.

— Certes! monsieur le baron, voici une demande qui nous honore grandement, et à laquelle j'étais loin de m'attendre; mais, êtes-vous certain que madame votre mère daignera approuver le choix que vous faites de Denise, et pour sa bru, la fille d'un roturier sans fortune?

— Ma mère, monsieur, ne veut, ainsi que vous, que le bonheur de son enfant, et d'avance, je vous réponds de son consentement.

— Moi de même, connaissant la dame pour la plus tendre des mères et la plus sensible, la moins orgueilleuse des baronnes et des femmes, dit à son tour Montigny.

— Denise, que penses-tu de tout cela, et que dois-je répondre? interroge doucement et en souriant le médecin. Allons, ne rougis pas ainsi, calme cette vive émotion, enfant, et dicte-moi la réponse que je dois faire à l'honorable demande de monsieur Antonin, reprit Minard en voyant Denise garder le silence.

— Oh! oui! chère Denise, apprenez à votre père que votre cœur n'est point demeuré insensible à l'ardeur du mien; dites-lui que votre bouche charmante a daigné m'encourager dans la demande que je lui fais ce soir de votre précieuse personne, fit entendre Antonin impatient

— Alors, si les choses sont à ce point, si tout d'avance était d'accord entre vous, je ne comprends pas, Denise, d'où vient l'hésitation et la lenteur que tu mets à répondre. Allons, parle, enfant, veux-tu devenir la femme de monsieur de Courvale?

— Oui, si telle est votre volonté, mon père, murmura enfin la jolie fille.

— Alors, que madame votre mère joigne son consentement au vôtre, monsieur, car celui de ma fille vous répond du mien, reprit Minard, que la joie, en cet instant, suffoquait intérieurement.

— Oh! merci, merci cent fois, monsieur, s'écria Antonin, ivre d'ivresse et de bonheur, pour ajouter ensuite qu'il allait s'empresser d'écrire à sa mère et lui faire part de son amour, de ses projets d'union, afin de hâter l'arrivée de cette dame à Paris.

— Surtout, camarade, aye soin de faire savoir à ta mère l'accident dont tu viens d'être la victime, ce que tu lui as caché jusqu'alors, dans la crainte de l'affliger; enfin, de lui apprendre que c'est au père et aux soins de celle à qui tu désires unir ta destinée, qu'elle est redevable aujourd'hui de la vie d'un fils que, sans eux, elle n'eût jamais revu ni embrassé.

— Oh! sois sans crainte, Montigny, nul oubli de ma part, car le cœur et la reconnaissance seront là pour me dicter et conduire ma main.

— De grâce, monsieur, dans cet enthousiasme qui vous anime et nous honore, prenez garde de trop faire valoir, aux yeux de madame votre mère, un service qui de notre part ne fut qu'un devoir imposé par l'humanité, dit Minard d'un ton où perçait la modestie.

Et comme Antonin se disposait à répondre, plusieurs coups frappés violemment sur la porte de la rue lui imposèrent silence et firent sortir Denise de table pour aller s'informer et ouvrir aux visiteurs.

V.

Incidents divers.

Denise, avant d'ouvrir, jeta un regard au dehors à travers un petit guichet grillé, pour apercevoir, avec surprise deux dames arrêtées devant la porte, et accompagnées de deux valets tenant chacun une torche à la main, dont la flamme jetait une vive clarté rougeâtre sur les grises murailles de l'étroite rue.

— Que désirez-vous, mesdames ? s'informa d'une voix douce la jeune fille.

— Entrer chez le médecin Minard, dont c'est ici la demeure, et voir monsieur Antonin de Courvale, de qui je suis la mère ; ouvrez donc vite, car mon impatience est grande, répondit une des deux dames.

A ces mots, le cœur de Denise se mit à battre violemment, un tremblement soudain s'empara de tout son être et ses jambes, qui fléchissaient sous elle, la contraignirent de s'appuyer un instant sur la porte.

Ouvrez, de grâce ! ouvrez vite ! ayez pitié d'une pauvre mère qui vient d'apprendre le danger qu'a couru son enfant et meurt d'envie de le presser sur son sein.

Cette prière, adressée d'une voix suppliante, rappelant Denise à elle, lui fit employer toute la force dont elle pouvait disposer en ce moment pour tourner la clef dans la serrure et ouvrir aux visiteuses, dans lesquelles elle s'empressa de saluer avec respect et modestie deux femmes, dont une, aux traits nobles et doux, avait le visage d'une pâleur extrême, sur lequel se peignaient l'inquiétude et la douleur, tandis que sur celui de sa compagne, petite femme grasse et replette, régnaient de fortes couleurs et l'expression de l'idiotisme.

— Donnez-vous la peine d'entrer, mesdames, et soyez les bien-venues, car votre présence va procurer joie et bonheur à notre malade, disait Denise en refermant la porte, après avoir introduit les dames et leur suite.

— Mon cher fils! est-il possible, ainsi qu'on vient de me l'apprendre, que des scélérats aient voulu l'assassiner, et me priver en lui d'un bien précieux... Où est-il, mademoiselle? où est-il? demandait la baronne de Courvale, la dame aux traits nobles et beaux, tout en suivant Denise à travers l'escalier.

— Je vous conduis auprès de lui, madame, répondit la jeune fille, pour ensuite murmurer, en indiquant du doigt la porte de la chambre : Là, là, madame, vous allez le trouver en compagnie de monsieur Montigny, son ami, et celle de mon père.

Cela dit et tandis que les dames s'élançaient dans la chambre, Denise, se sentant prête à succomber sous le poids de la vive émotion que venait de lui occasionner l'arrivée subite et inattendue de la mère d'Antonin, se traîna jusqu'à sa chambrette, où elle tomba sur un siége, tremblante et presqu'inanimée.

— Ma mère! ma bonne mère! quelle heureuse surprise! enfin, je vous revois donc; ô bonheur! disait Antonin, en pressant dans ses bras sa mère, noyée de larmes, qui le comblait de tendres caresses.

— Pauvre enfant! blessé dangereusement, presque mourant et loin de moi, encore! Et tu m'as fait mystère de ce malheur, de ta funeste position, imprudent! hélas!

mais tu risquais de mourir sans avoir reçu le dernier baiser de ta mère et qu'elle-même mourût de douleur sans avoir reçu le tien.

— Chère mère ! j'ai voulu ménager votre sensibilité ; j'ai voulu vous éviter une vive inquiétude ; telle est la cause de mon silence. Maintenant, permettez-moi de vous présenter mon sauveur, dans le noble et généreux docteur Minard qui, après m'avoir ramassé sanglant sur le pavé de la rue et sans me connaître, m'a fait transporter dans sa demeure pour m'y prodiguer ses soins généreux et me rendre à la vie, à ma mère ; sa demeure, où sa fille, pour mieux dire, un ange de vertu et de beauté, a constamment veillé sur moi, adouci mes souffrances. O ma mère ! bénissez-les tous deux comme je les bénis, car je leur suis redevable du bonheur de pouvoir vous aimer et de vous embrasser encore.

— Mille fois merci, homme bienfaisant ; que le ciel, secondant ma vive reconnaissance, vous inonde d'autant de bonheur que je vous en suis redevable aujourd'hui ; disposez de mon amitié, de mon crédit, de ma fortune, et je ne croirai pas encore être quitte envers vous de tout le bien que vous avez fait au fils comme à la mère, dit la baronne à Minard qui, les yeux baissés et debout devant elle, attendait qu'elle daignât s'occuper de lui.

— Allons, docteur, acceptez toutes les louanges que vous mérite une bonne action et surtout le bien que vous veut madame la baronne, fait entendre gaiement Montigny.

— Je n'attendais pas moins, madame, de votre reconnaissance ; mais, de grâce, daignez mettre des bornes à votre générosité, en considérant que mon devoir d'honnête homme et ma qualité de médecin m'ordonnaient de me conduire ainsi que je l'ai fait. Gardez votre fortune, madame, et croyez que ma fille et moi nous estimerons bien récompensés si, pour prix de nos soins, nous avons réussi à nous rendre dignes de votre estime.

— Cette betite discours y être infiniment délicate, se mit à dire l'autre dame, restée muette jusqu'alors, en essuyant ses yeux mouillés de larmes.

— Avouez avec moi, comtesse de Ricmann, qu'il est rare de rencontrer chez le hommes autant de désintéressement et de bienfaisance, dit la baronne en s'adressant à la grosse et courte dame.

— Ya, car che havre jamais rencontré cela, de répondre l'allemande en soupirant et en essuyant ses yeux, véritables cascades, d'où s'échappait un torrent de grosses larmes.

— Mais votre fille, monsieur, où donc est-elle? Ne me sera-t-il permis de lui exprimer ma reconnaissance et de lui adresser mes remercîments? reprit la baronne, en cherchant des yeux Denise.

—Modeste, autant que bonne et belle, la chère demoiselle, afin d'échapper à vos justes remercîments, madame, s'est absentée de cette chambre ; mais si notre docteur veut bien me le permettre, je me charge d'aller à la recherche de cette belle invisible et de vous l'amener, proposa Montigny qui, sur l'approbation de Minard, se hâta de courir à la recherche de Denise, qu'il trouva triste et pensive dans la salle-basse, où elle venait de se rendre.

— Venez donc, mademoiselle, ignorez-vous que là haut[1], une mère à qui vous avez conservé un fils, vous demande pour vous bénir? dit le jeune homme en s'emparant de la main de la jeune fille qu'il entraîna doucement vers la chambre, où son apparition fut saluée par un vif transport d'admiration.

La baronne de Courvale, émerveillée,

s'empressa donc de venir au-devant de cette fille si belle, si suave, si modeste qui, l'œil baissé et tremblante, s'avançait vers elle, Denise enfin, qu'elle entoura de ses bras et pressa avec joie et bonheur sur son sein, pour encore lui prodiguer les plus doux baisers et les plus tendres noms.

— Mais, voyez donc, comtesse de Ricmann, la charmante créature, dit la baronne en parlant de Denise.

— Ya, y être une pien jolie bersonne, dont le vue m'havre fait tout de suite un imbrésion profonde, dit la dame, en s'essuyant les yeux.

Tandis que sa mère s'extasiait sur la personne de Denise, Antonin osait concevoir les plus douces espérances, et avec bonheur il portait ses regards joyeux sur toutes les personnes qui l'entouraient.

Dans un long entretien, où il ne fut nullement question de l'amour d'Antonin pour Denise, ni de projet d'union entre les deux amants, il fut convenu qu'Antonin, de qui les blessures n'étaient pas entièrement cicatrisées et qu'on ne pouvait transporter sans danger, demeurerait encore quelques jours chez Minard, où la baronne, désireuse de joindre ses soins à ceux que Denise donnait à son fils, viendrait s'installer le matin jusqu'au soir après avoir loué un appartement dans une des maisons voisines pour elle et la comtesse de Ricmann, son amie, riche veuve, que le plaisir seul attirait à Paris.

La douzième heure de la nuit sonnait à Notre-Dame lorsque la baronne de Courvale, ayant entendu Minard ordonner le calme à son malade, consentit à se retirer pour aller elle-même goûter un repos que la fatigue lui imposait forcément. Ce fut alors que Montigny s'offrit avec empressement pour servir de cavalier aux deux dames dans le trajet qu'elles avaient à parcourir pour regagner leur auberge de la rue Saint-Jacques, où elles devaient achever la nuit.

L'offre ayant été acceptée, le mousquetaire tenant une dame sous chaque bras et précédé des deux valets qui, avec leurs torches, éclairaient la marche, se mit en route à travers les sombres et étroites rues de la Cité, car, ici, il est utile de dire qu'à cette époque aucune rue de Paris n'était encore éclairée autrement que par des chandelles placées dans des fallots et suspendues aux fenêtres des bourgeois, lesquels avaient grand soin d'éteindre ce luminaire à la dixième heure du soir, heure à laquelle il était supposé que tous les honnêtes gens étaient rentrés chez eux.

— Ainsi, c'est dans une de ces lugubres rues que mon pauvre fils a failli perdre la vie? demanda la baronne qui plongeait ses regards effrayés subitement dans chaque rue devant laquelle ils passaient.

— Comme vous le dites, madame, et où il

serait mort sans secours et à bout de sang, si le cher docteur Minard n'était arrivé à temps pour le secourir et l'emporter sous son toit hospitalier.

— En vérité, monsieur Montigny, d'après le noble désintéressement que cet homme de bien me témoigne, je ne sais de qu'elle façon m'acquitter envers lui de l'immense service qu'il nous a rendu.

— Ché connais un moyen drés bositif, c'être de donner paucoup d'or à cette médecin bour sa régombence, et cela, en débit de sa désintéressement, fit entendre la comtesse.

— Et moi, j'en sais un autre, mesdames, qui, en satisfaisant notre docteur au-delà de ses vœux, ferait encore le bonheur de deux autres personnes, dit Montigny.

—Quel est-il, monsieur? expliquez-vous, de grâce, demanda vivement madame de Courvale.

— Hum ! c'est que je n'ai point reçu mission de vous le communiquer, madame, et je pense qu'il serait mieux de laisser ce soin à votre fils, dont l'éloquence ne peut manquer son effet sur le cœur de sa bonne mère.

— Monsieur Montigny, vous m'intriguez singulièrement. Je vous en prie, quel est ce moyen tant mystérieux, que vous n'ôsiez vous-même m'en faire part?

— Eh bien! madame, il s'agirait, pour

vous acquitter et bien récompenser l'humanité et la vertu, de couronner le bonheur de deux amants qui s'adorent et ne peuvent plus vivre l'un sans l'autre.

— Je ne vous comprends pas encore, monsieur, dit la baronne impatiente.

— Enfin, madame, puisqu'il faut être clair, il s'agirait que vous consentissiez à l'union d'Antonin avec la belle et sage Denise, qu'il adore et dont il est aimé.

— Monsieur Montigny, ce que vous m'aprenez-là m'afflige et me surprend à bon droit. Mon fils, amoureux de la fille d'un médecin... Impossible ! une pareille union ne peut s'accomplir.

— Imbossible! imbossible! cette mariage y serait une ébouvantable mésaillance, une honte éternelle bour la noble famille des Courvale, s'empressa d'observer la comtesse allemande.

— Cependant, mesdames, veuillez remarquer que l'art du médecin est un noble métier, que Denise n'est autre qu'un ange envoyé sur la terre pour y donner l'exemple de toutes les vertus et faire le bonheur de celui qui la possédera pour femme, reprend le mousquetaire.

— Pien! pien! mais tout cela n'embêche bas ce fille d'abbardenir à la roture, et che havre en horreur cette canaille, dit la comtesse.

— Ainsi, madame, cette alliance vous

semble impossible ? reprend Montigny, en voyant la baronne, devenue pensive, gardant le silence.

— Demain, monsieur, je m'en expliquerai avec mon fils, répondit la dame d'un ton sévère en retirant son bras de dessous celui du mousquetaire, car, alors, ils venaient d'atteindre la porte de l'auberge, où, après avoir humblement salué les dames, Montigny se retira suivi des deux valets, à qui leurs maîtresses venaient de donner l'ordre d'accompagner le jeune homme jusqu'au-delà des ponts.

— Bien ! très bien ! vous pouvez vous en retourner, mes amis, car il n'y a ici aucun danger à courir, se mit à dire Montigny, après avoir traversé le pont de Notre-

Dame, et en s'adressant aux valets, qu'il acheva de congédier, après les avoir grassement récompensés de leur peine.

Notre jeune homme, resté seul, se mit alors à cheminer, pensif et d'un pas rapide, le long des quais afin de gagner la rue St-Antoine, puis la Place-Royale, qu'il atteignit sans encombre, et de là la porte de sa demeure, où, en arrivant, il se vit entourer subitement par plusieurs hommes qui, au nom du roi, le sommèrent impérativement de les suivre à la Bastille.

— A la Bastille ? Tudieu ! et en vertu de quoi ? répliqua le jeune homme, mécontent et surpris.

— De cette lettre de cachet, répondit le

chef des exempts en montrant un papier.

— Marchons donc, messieurs, puisqu'il en est ainsi, mais le diable m'emporte, si je puis deviner ce qui me vaut cette gratitude de la part de Sa Majesté.

Comme de la rue du Pas-de-la-Mule à la Bastille il n'y avait que quelques pas à franchir, cinq minutes après son arrestation, Anatole Montigny vit les portes de la prison s'ouvrir pour se refermer aussitôt sur lui.

IV

VI.

Le lendemain Minard, s'étant levé de grand matin, quitta sa maison, où tout reposait encore, pour se rendre chez Gobinac.

Le logis de notre gascon se composait

alors de deux petites pièces situées sous les toits, passablement meublées et d'une propreté exquise.

Le maître de ce modeste réduit, coiffé d'un bonnet de coton, orné d'un large ruban bleu, en manches de chemise, paré d'un ample tablier de toile blanche et tenant un plumeau d'une main, un balai de l'autre, reçut le docteur d'un air empressé, et se hâta de lui approcher un siége, après s'être vivement défait de tous les objets qui embarrassaient ses mains.

— Pardon, mille fois pardon, cher futur beau-père, de vous recevoir en ce simple négligé ; c'est que lorsqu'on est à la fois le maître et la valet, il faut tour à tour en prendre le costume et les attributs. Ah çà !

quel heureux hasard, sandis! mé procure cé matin l'honneur dé votre visite?

— La nécessité de vous faire part le plus tôt possible, d'une fâcheuse découverte, mon pauvre Gobinac.

— Cadédis! qu'est-cé qué céla? Expliquez-vous vite, de grâce, vous mé donnez la fièvre.

— Sachez donc, mon cher, qu'hier soir, dans un long entretien, Denise m'a ouvert son cœur avec sincérité...

— Ah! ah! la chère amour vous a fait l'aveu dé sa flamme, dé la tendresse qué j'ai su lui inspirer, n'est-cé pas?

— Erreur de votre part, mon ami, Denise, au contraire, en m'avouant qu'elle ne ressentait pour vous qu'une indifférence profonde, m'a supplié de ne point faire son malheur en l'unissant à vous.

— Allons donc, plaisantérie, cé qué vous mé dites-là est impossible ; la pétite m'adore.

— La petite vous refuse pour mari, et c'est avec le plus profond regret que je viens vous retirer la parole que je vous ai donnée.

— Cadédis ! capédious ! céci passe la plaisantérie, sandis ! et jé né puis vous croire.

— Vous avez tort, Gobinac, car je vous

répète, que ne pouvant faire le malheur de ma fille en l'unissant à un homme qu'elle n'aime pas, je me rétracte et vous retire ma parole.

— Et moi, n'en tenant aucun compte, je persévère, sandis! à la garder, et vous somme de la remplir, si vous n'êtes pas le plus déloyal des hommes, répliqua le gascon avec entêtement et colère.

— Je n'en ferai rien, répond Minard de sang-froid.

— Je saurai bien vous y contraindre, sandis!

— Comment cela? s'informe en souriant le médecin.

— Par la force et la ruse, cadédis !

— A propos ! vous connaissez la demeure de Laridon, veuillez me l'enseigner.

— Jé l'enléverai, jé la séduirai, jé...

— Assez, bavard, et répondez à ma demande, s'écria alors Minard d'un ton sévère.

— Eh ! cadédis ! rendez-vous à la mienne d'abord,.

— Gascon maudit ! obéiras-tu ? fait entendre Minard d'une voix tonnante, les yeux fixés avec colère sur Gobinac, et en lui serrant fortement le poignet qu'il venait de saisir.

— Capédious ! vous mé broyez les os.

— Parle donc ! où demeure ce Laridon ?

— Rue des Trois-Pavillons, la troisième porte à gauche, sandis !

— Fort bien ; maintenant, libre à vous de nous continuer vos visites, si bon vous semble, maître Gobinac, mais à la condition expresse que ce sera en qualité d'ami de la maison, et non comme amoureux, dont je vous interdis dorénavant le langage, sous peine de bannissement.

— Sandis ! père aveugle et cruel ! vous voulez donc la mort de votre fille, dont ma perte sera l'unique cause ?

— Je veux son bonheur, rien que son

bonheur ; veuille le ciel exaucer ce vœu, répondit Minard en quittant le siège sur lequel il s'était posé, pour prendre congé de Gobinac.

— Ainsi, tel est votre dernier mot? vous me refusez décidément pour votre gendre ?

— Malgré moi, mais il le faut, fit entendre le médecin, pour s'éloigner ensuite d'un pas rapide sans plus daigner entendre le gascon qui lui murmurait le reproche d'abord avec timidité, et duquel le courroux éclata bruyamment en injures, lorsque Minard ne fut plus à portée de l'entendre.

Le temps de franchir le chemin, et Minard se présenta à l'hôtel occupé par Laridon, où deux grands laquais, en train de jouer aux dés dans une antichambre, lui répondirent sur sa demande et d'un ton assez impertinent, que leur maître, n'ayant pas pour habitude de recevoir à pareille heure, il ait à revenir sur le midi.

— Debout! valets! et allez dire à votre maître que c'est le docteur Minard qui veut le voir et l'entretenir un instant, répliqua alors le médecin d'une voix ferme et impérieuse.

Mais nos laquais, sans s'émouvoir le moins du monde, au lieu de lui obéir, se mirent au contraire à lui rire au nez.

— Tel maître, tel valet! s'écria, sur ce,

Minard furieux, tout en se disposant à forcer la consigne, mais au-devant de qui les laquais se précipitèrent, afin de lui barrer le passage.

Arrière! valetaille! sinon ma canne va me faire justice de votre insolence.

Et tout en disant, Minard, furieux, imprimait à ladite canne un mouvement de rotation dont la vigueur fit aussitôt écarter les valets, peu soucieux de se faire briser la mâchoire, retraite qui permit au médecin de s'introduire dans les appartements et d'en parcourir toutes les chambres jusqu'à ce qu'il ait trouvé celle où couchait Brizard Laridon, qu'il découvrit enfin, étendu sur un lit et sous une masse d'édredon, chambre dans laquelle où les laquais, qui l'avaient suivis à distance respectueuse, s'empressèrent de pénétrer derrière lui.

Laridon, éveillé en sursaut par le bruit que venait de faire Minard en ouvrant brusquement la porte, se mit à bailler bruyamment et à crier ensuite :

— Qui va là ? qui ose, sans mon ordre, venir ainsi troubler mon sommeil ?

— Ouvres les yeux et tu sauras à qui tu as affaire, maître Laridon, répondit d'une voix brusque le médecin placé debout près du lit.

— Le diable m'emporte, c'est Minard,

le cher ami de mon cœur, s'écria Laridon, en se plaçant aussitôt sur son séant. Tu vois, l'ami, un homme que l'orgie et le jeu ont abimé cette nuit, un homme roué, éreinté, fatigué au-delà de tout, mais qui, malgré cela, est enchanté de ta visite... Ah ça, qui t'amène ici; toi qui me boude et me montre les dents depuis un siècle? m'apporterais-tu, par hasard, ton adhésion à certaine petite proposition que je te fis, il y a peu de jours, chez toi, et que, par parenthèse, tu reçus assez mal? Assieds-toi, Minard; assied-tois, mon bonhomme, puis libre, à toi de parler ensuite tout à ton aise.

— J'arrive avec cette dernière intention, mais commence d'abord par faire sortir ces gens, répondit le médecin, en indiquant les deux valets qui, plantés tout droit au beau milieu de la chambre, attendaient les ordres de leur maître et sur un geste de ce dernier, s'éloignèrent aussitôt.

— Nous voici seuls ; parle Minard ; que veux-tu, qu'exiges-tu, qu'attends-tu de moi et de mon immense crédit, mon cher ? reprit alors Laridon d'un ton emphatique, et tout en s'occupant négligemment de réparer, tant bien que mal, le désordre de sa coiffure, d'écarter les boucles de cheveux qui voilaient son pâle visage, fatigué par les veilles et la débauche.

Je ne viens point ici mendier la protection ni les faveurs d'un courtisan, mais bien pour te demander une explication sur certaine visite que tu es venu faire hier à ma fille en mon absence, accompagné du

ministre, comte d'Argenson, visite durant
laquelle ce grand seigneur s'est permis, envers Denise, certaines familiarités offen-
santes.

— Ah bah! tu sais? cette petite t'a conté
cela? quel enfantillage ! quel excès de vertu! Eh bien, oui, je ne nie pas, pas le moins
du monde : ce diable d'Argenson, emporté
par son ardeur libertine, et trouvant ta Denise jolie à croquer, s'est peut-être permis
de pousser l'épreuve un peu plus loin qu'il
n'avait été convenu entre nous, et sans
l'apparition inattendue d'un jeune et beau
défenseur appelé, je crois... Montigny,
j'aurais vraiment été forcé de mettre moi-
même le holà aux transports de Son Excellence très enflammable.

— Et quelle épreuve prétendais-tu, misérable?

— Chut! pas de gros mots, avant de savoir si tu es en droit de m'en adresser, cher docteur; crois-moi, allons gentiment, sans colère, sans...

— Parleras-tu, impudent valet de cour? s'écrie Minard, dont le sang bouillait.

— Aussitôt et sans plus de préambule, cher ami. Apprends donc, homme susceptible, que je suis amoureux de ta fille, et pourvu de la louable intention d'en faire ma chaste, douce et heureuse moitié, j'ai voulu, avant de former ce lien éternel et sérieux, me convaincre que la belle Denise était digne, en tout, de mon amour et du titre de mon épouse, que sa vertu et celle de son digne père sauraient résister à toutes les séductions, à celle de l'or, à celle d'un grand et puissant seigneur. C'est donc à cette intention que j'ai osé dernièrement révolter ton exquise délicatesse, en t'offrant, de la part d'un riche et puissant du jour, la fortune en échange de l'honneur de ta fille; c'est encore dans le même but que j'ai conduit dans ta demeure, à ton insu, et après t'en avoir écarté par un faux avis, Son Excellence le comte d'Argenson, lequel, dans ma confidence et stylé par moi, a joué au parfait le séducteur auprès de l'innocente et sage Denise, dont la noble conduite m'a rempli d'admiration et de joie; ce qui fait, Minard, qu'aujourd'hui je te demande cette chère fille en mariage.

— Parles-tu sérieusement, Laridon, ou, abusant de ma patience, te permets-tu le malin plaisir de te moquer de moi?

— Je parle très sérieusement ; je te demande Denise, ta fille, pour ma femme légitime.

— Tonnerre ! quelle impudence ! toi, le mari de ma fille, si bonne et si belle ! toi, un misérable ! un chevalier d'industrie ! un lâche et vil courtisan ! toi, que la potence réclame pour mille honteux méfaits, tu me demandes ma fille ! horreur ! Mais ce serait alors unir la douce brebis au loup dévorant, la faible colombe au vautour ! Elle, ta femme ! quelle dérision ! Oh ! jamais ! jamais ! tu es fou, archi-fou ! s'écriait Minard, en allant et venant dans la chambre d'un pas rapide et en proie au plus violent transport, tandis que Laridon calme et froid, souriait avec audace à sa colère.

— Courage, Minard, va ton train, mon bonhomme, ne te gênes pas... Eh bien ! as-tu tout dit? Alors, à mon tour. Oui, j'en conviens, le gendre que je t'offre a eu plus d'un tort dans sa vie: pourquoi? parce qu'il lui a fallu employer l'astuce, l'audace et la ruse, pour réparer l'oubli de dame fortune à son égard, elle qui l'avait fait naître tout à la fois pauvre, ami des plaisirs et du luxe. Mais le beau-père que je veux bien accepter aujourd'hui, et que tu me refuses si disgracieusement, est-il lui-même exempt de tous reproches? Non, car je l'ai connu jadis joueur, prodigue, libertin, doué d'une conscience des plus élastiques, et par-dessus tout, mari ingrat et cruel. Or, je conclus donc de tout cela, que, si ledit beau-père a su se corriger de ces différentes gentillesses et devenir aujourd'hui un homme posé, respectable, dont tout Paris vante la charité et le zèle, en plus un prudent et un excellent père, que moi, je puis, à mon tour, devenir un petit saint et un excellent mari. J'ajouterai donc à ces justes remarques le petit tableau des avantages, agréments et délices réservés à l'épouse de mon choix ; tels que son admission à la cour, où je suis en faveur, où sa beauté ne pourra manquer de lui attirer l'admiration générale, et de lui créer un haut et puissant crédit, source de fortune et de plaisir. En sus, j'ajouterai le bonheur de posséder pour époux un homme d'esprit, lequel, loin d'apporter obstacle aux triomphes de sa femme, et d'entraver la marche de sa fortune, celle de ses joies par le soupçon et la jalousie, la laissera en toute confiance libre de ses actions, puis encore...

— Assez t'entendre, maître Laridon, crois-moi, renonce à ce mariage, car Denise n'est nullement la créature facile, éhontée, qui convient à tes projets. Je te le répète, renonce à vouloir devenir le mari de Denise, que je te refuses formellement. Oublies-là, oublies-moi, et ne nous revoyons jamais.

Cela dit avec force et énergie, Minard, sans attendre de réponse, quitta précipitamment la chambre, puis l'hôtel de Brizard Laridon.

Tandis que notre médecin visitait ainsi et tour à tour Gobinac et Laridon, sa porte s'était ouverte pour donner entrée, une seconde fois, à la baronne de Courvale, qui seule accourait, matinale, au lit de son fils, auprès duquel la tendre mère rencontra Denise, dont les soins empressés et bienfaisants avaient déjà calmé les souffrances du jeune malade.

Le premier acte de la baronne fut d'embrasser son fils avec tendresse, de s'informer de l'état de sa santé, tout en l'admirant avec bonheur et joie, puis ensuite, de reporter ses regards sur Denise, qui, modeste autant que timide, s'était éloignée du lit afin de laisser plus de liberté à la dame.

— Oh ! venez ici, près de nous, vous à qui nous avons tant d'obligation, vous notre bienfaitrice, disait la baronne en allant prendre Denise par la main pour la contempler attentivement et reprendre ensuite : En effet, vous êtes charmante, noble et gracieuse, chère demoiselle, et jamais plus belle âme n'a possédé une plus belle enveloppe. Et disant ainsi, la dame donnait un baiser à la jeune fille qui, émue, tremblante, rougissait et baissait les yeux.

— N'est-ce pas, ma mère, que c'est une ange ? Ah ! si vous la connaissiez comme je la connais, vous ne pourriez que vous prosterner et l'adorer comme je l'adore, se mit à dire Antonin avec enthousiasme, les yeux ardents, le corps penché hors du lit, et désireux de montrer l'exemple à sa mère.

Un long et amical entretien tarda peu à s'entamer entre nos trois personnages, entretien où la baronne fut surprise d'entendre Denise s'exprimer avec autant de sagesse, de goût que d'élégance. Denise, qui, après avoir réfléchi qu'après une longue séparation, la mère et le fils pouvaient avoir besoin de s'entretenir librement ensemble, s'échappa de la chambre après en avoir demandé et obtenu la permission de la baronne.

Restée seule avec son fils, madame de Courvale s'accouda sur le lit, prit dans la sienne la main d'Antonin, puis, fixant sur son enfant des yeux remplis de tendresse et d'indulgence :

— Mon fils, dit-elle d'une voix douce, n'avez-vous rien à m'apprendre.?

— Oui, mais je n'ose encore, ma mère, répondit le jeune homme avec timidité.

— N'osez-vous encore m'entretenir de certain projet hardi que vous inspire votre cœur, et duquel, cette nuit, en me reconduisant à mon logis, m'a fait part votre ami, **mon**sieur Montigny.

— Ainsi, vous savez tout, ma bonne mère? que mon cœur, qui n'a pu demeurer insensible et froid devant les charmes et les qualités de Denise, a juré de l'adorer toute la vie et de n'avoir jamais d'autre femme qu'elle pour épouse et amie ?

— En faisant ce serment, Antonin, avez-vous réfléchi que cette fille est sans nom et sans fortune; aviez-vous donc oublié que vous êtes le baron de Courvale, l'unique héritier d'une noble et riche famille dont vous avez à soutenir le nom et l'éclat, que ternirait votre union avec une fille du peuple.

— Hélas! permettez-moi, ma mère, de vous exprimer la surprise où me plongent, en ce moment, vos paroles et votre observation. Vous que j'ai toujours connue l'amie du peuple, de la vertu et du talent, vous dont la bouche s'est plaint tant de fois de l'odieuse et ridicule distinction que l'orgueil et la sottise ont osé établir entre des hommes, tous enfants de Dieu et sortis de la même mère. Ainsi, pour soutenir et perpétuer un injuste et orgueilleux préjugé, si vous n'étiez la meilleure des mères, vous condamneriez votre fils à une douleur perpétuelle, à des regrets cuisants, en le privant de la possession de celle qu'il adore et sans laquelle il ne peut plus vivre ? Mais, non, je connais trop votre noble cœur, j'en connais trop la noblesse et l'indépendance, pour qu'il s'arrête devant un aussi faible et ridicule obstacle que celui d'une famille et d'un nom obscurs. J'aime, ma mère, j'aime une fille, le modèle de toutes les vertus et de toutes les grâces ; ma vie, mon bonheur, sont attachés à sa possession ? enfin je meurs, si vous me refusez Denise pour femme; maintenant, prononcez, j'attends mon arrêt.

— Antonin, mon enfant, avant de rien précipiter, au moins quelles sont ces gens et quel est leur passé? dit la baronne avec impatience et émotion.

— Ce qu'ils sont, ma mère? ah! demandez-le à cette ville tout entière, et on vous répondra qu'ils sont les bienfaiteurs de l'humanité, les amis de tous ceux qui souffrent, des génies bienfaisants, secourables, envoyés par Dieu sur la terre pour soulager les malheureux. Ma mère, ma tendre mère! prenez pitié de votre fils, de son amour, de sa vie; songez qu'en lui donnant pour femme la fille la plus céleste, c'est notre bonheur et le vôtre que vous assurez; que Denise deviendra votre fidèle compagne, une amie sincère et dévouée, l'orgueil, le soutien de votre vieillesse.

Ces paroles, dites avec âme, d'un ton suppliant, attendrirent la baronne, qui d'abord, pour réponse, se mit à sourire, puis à embrasser son fils.

— O la meilleure des mères! vous consentez enfin? s'écria Antonin, transporté de joie, en pressant les mains de la baronne, en lui rendant caresse pour caresse.

— Il le faut bien, puisque ton bonheur est ma seule joie, répondit madame de Courvale en se levant pour aller vers la porte appeler Denise, qui accourut aussitôt.

— Venez ici, ma belle demoiselle, m'apprendre s'il est vrai que vous auriez plaisir à devenir ma bru, à faire le bonheur de ce jeune homme, qui prétend ne pouvoir plus vivre sans vous, interrogea la baronne en enlaçant de son bras la taille svelte de la jeune fille, qui, à cette demande, devenue tremblante, et plus rouge que cerise, ne pouvait répondre, tant était grande son émotion, et qui se mit à pleurer.

— Allons ! point de crainte, chère fille, répondez : voulez vous devenir l'épouse de mon fils et ma fille bien-aimée ? reprit la dame.

En entendant un oui timide s'échapper des lèvres de Denise, Antonin fit un bond de joie sur son lit, et la baronne, avec tendresse, pressa la jolie fille sur son sein, pour ensuite placer la main de cette dernière dans celle de son fils, en murmurant ces mots : Soyez satisfaits et heureux, enfants, car je vous bénis !...

Une heure après ces derniers incidents et comme nos trois personnages étaient encore intimement réunis, le médecin Minard rentra dans sa demeure pour s'entendre demander sa fille en mariage par la baronne de Courvale, heureux événement qui fit tressaillir le cœur de ce père, de joie et d'orgueil.

— Oui, madame ; c'est avec reconnaissance, avec bonheur, que je consens à cette union qui honore ma fille et moi ; mais, loin d'attribuer ma félicité et ma joie à un mouvement ambitieux. veuillez ne vous en prendre qu'à l'excellence, aux bonnes qualités de monsieur votre fils, en qui j'ai su deviner un homme d'honneur, loyal et capable de faire le bonheur d'une femme, répondit Minard à la baronne, pour reprendre aussitôt en ces termes : Ennemi de toutes fraudes et de toutes surprises, je dois, madame et vous mon cher Antonin, vous prévenir que Denise est sans fortune, que pour tout bien, son père ne possède que l'art qui le fait exister.

A ces mots, Antonin de se récrier, ainsi que sa mère, que la possession de Denise était le seul bien qu'ils enviassent l'un et l'autre, et que la plus belle dot qu'elle pouvait apporter en se mariant, la seule à laquelle ils aspirassent, était ses rares vertus et sa qualité de fille d'un homme dont la probité et la bienfaisance étaient connues de tout Paris et du monde entier.

Les choses étant ainsi entendues, dans un long entretien on convint tout de suite que le mariage aurait lieu aussitôt après la convalescence d'Antonin, qui ne pouvait se prolonger au-delà d'un mois, à ce qu'assurait le docteur ; ensuite, qu'aussitôt après qu'on aurait terminé l'affaire qui avait amené la baronne et son fils à Paris, les deux jeunes époux, ainsi que madame de Courvale, partiraient pour la Bourgogne, où Minard, quelques mois plus tard, irait les rejoindre pour ne plus se séparer d'eux.

Restait encore à s'entendre sur divers petits points; par exemple, sur la cérémonie du mariage, qu'on voulait faire sans bruit et sans éclat, et déjà la baronne en disait quelques mots, lorsqu'elle fut interrompue par l'arrivée subite et inattendue de la comtesse de Ricmann, et par celle de Gobinac qui, tous deux, ayant trouvé la porte de la rue ouverte, se présentaient sans s'être fait annoncer après s'être rencontré ensemble sur la montée.

— Venez me féliciter, ma chère amie, et embrasser ma jolie brue, s'empressa de dire la baronne, en présentant Denise à la comtesse allemande qui, à ces mots, surprise et interdite, devint rouge comme un coq de bruyère, et fit quelques pas en arrière.

— Ya! ya! che havre combris fort pien;

vous havre donné votre consentement malgré le mésalliance.

Oui, comtesse, j'ai consenti à une union qui va faire le bonheur de mon Antonin, après avoir réfléchi que la noblesse du cœur était préférable à celle du blason.

— Ya, ya, che combrends fort pien, mais che bavre bas la même jugement que vous.

— Horreur! trahison! je suis floué, trahi, faites-vous donc adorer d'une femme, pour qu'on vous la ravisse sans pitié; sandis ! cadédis ! s'écriait au même instant Gobinac furieux, en se frappant le front.

— Monsieur Gobinac, sans rancune, et en revanche, je vous invite à être mon témoin, dit Antonin, souriant à la colère du gascon.

— Que havre donc cette betite cheune homme intéressante? interrogea la comtesse d'une voix mignarde, en fixant un regard luxurieux et rempli d'intérêt sur Gobinac.

— Monsieur aimait Denise sans en être payé de retour, telle est l'histoire, madame la comtesse, dit en riant Minard.

— Pien, pien, che combrends ; ce cheune homme être désolé d'havre bas bour son femme le betite dimoiselle. Cheune homme, bas de chagrin ; che veux vous brodéger et vous marier de mon main très avantageusement; entendez-vous, cheune homme?

— Sandis, jé lé veux bien, quand céla né sérait qué pour punir l'ingrate qui me délaisse, répondit Gobinac à moitié consolé, et en couvrant la grosse et courte allemande d'un regard de convoitise.

VII

Un Maître.

Un mois après ce qu'on vient de lire plus haut, et tandis que tout se disposait pour la célébration du mariage très prochain d'Antonin avec Denise, Gobinac, un jour, vêtu et brillant comme un grand seigneur, le chapeau à plume d'autruche passé sous le bras et l'épée au côté, se dandinait d'un air aisé et conquérant dans une allée des Tuileries, se rengorgeant dans sa cravate à l'instar d'un pélican qui digère, lorgnant les femmes sur son chemin et leur souriant d'une façon toute agaçante, lorsqu'il fut se heurter dans une personne qui venait à sa rencontre, et dans laquelle il reconnut Laridon, à son grand déplaisir, Laridon non moins élégant que lui, toujours prospère et souriant, dont notre gascon se disposait à s'éloigner après l'avoir toisé de la tête aux pieds d'un regard suprêmement dédaigneux, lorsque Laridon, s'opposant à l'intention du petit homme, lui passa subitement et familièrement son bras sous le sien.

— Quoi de nouveau, mon brave, depuis un siècle que nous ne nous sommes vus? interrogea Brizard.

— Jé né sais autre, qué lé temps mé presse. Au révoir, donc! répondit le gascon en cherchant à se débarrasser du bras de l'importun sans y réussir.

— Comment, de l'humeur, du dédain, avec un ancien ami, c'est mal, très mal, mon brave.

— Jé né suis pas l'ami des gens qui m'ont fait aller et né mé rendent pas l'argent qué jé leur ai prêté, sandis!

— En effet, je vous dois quelque peu, je m'en souviens.

— Douze cents livres, cadédis! qué jé vous ai prêtées pour vous aider à sortir d'embarras dans un temps dé débine, cadédis!

— C'est-à-dire que vous me confiâtes en qualité de mise de fonds dans la grande entreprise que je méditais alors, lesquels douze cents livres devaient vous en rapporter dix mille, intérêt monstrueux qui vous séduisit seul et vous fit, sans trop de façon, dénouer les cordons de votre bourse, que vous refusiez d'ouvrir à ma misère.

—Eh sandis! jé vous aurais donné toute ma fortune, si jé vous avais écouté. Bien m'en a donc été dé vous réfuser, puisqué jé n'ai pas plus entendu parler dé la grande entreprise qué dé ma mise dé fonds.

— Eh bien, mon brave, si pour reconquérir votre estime, il ne s'agit que de vous restituer cette bagatelle, que la chose soit ainsi.

— Vous né badinez pas?

— Pas le moins du monde.

— Céci sérait infiniment délicat dé votre part.

— Venez donc, sans rancune, souper avec moi dans certain lieu renommé, pour ensuite m'accompagner jusqu'à mon logis, où je m'empresserai de vous compter vos espèces.

— Très volontiers; mais il mé semble qué nous né férions pas mal dé commencer par la restitution.

— Non pas, car la faim me galoppe, et j'ai hâte de satisfaire mon appétit. Cela disant, Laridon entraînait Gobinac, qu'il conduisit dans un cabaret du faubourg Saint-Germain, où, dans un petit salon, ils prirent place à table, après avoir commandé un excellent repas et demandé des vins de plusieurs espèces.

Laridon, qui avait ses raisons pour régaler aussi splendidement le gascon, qu'il savait gourmand, s'empressa de l'exciter et de le pousser à la boisson, dans l'espoir, une fois qu'il serait gris, d'avoir bon marché de sa discrétion.

Une heure après, voyant Gobinac animé et devenu bavard, ainsi qu'il le désirait, Laridon s'empressa d'entamer le chapitre des questions et des informations.

— Çà, mon brave, débuta-t-il, sauriez-vous me dire pourquoi je vous retrouve aussi pimpant et aussi fier, vêtu, un jour d'œuvre enfin, mieux que le plus fringuant seigneur de la cour?

— C'est qué mes moyens mé lé permettent, sandis!

— Cela va sans dire; mais, pour être à même de faire semblable dépense en joyaux, velours et dentelle, auriez-vous donc hérité ou pris femme millionnaire?

— Sandis! avez-vous donc oublié mon

cher, qué jé possède douze cents livres dé révénu, répondit Gobinac, en accompagnant ces mots d'un malin sourire.

Et devinant à ces réponses que le gascon se tenait encore sur la réserve, Laridon ne le jugeant pas assez enviné, s'empressa de l'achever par une surabondance de rasades de vin capiteux autant qu'exquis.

— Allons, allons! avoue, l'ami, qu'il est survenu quelque bonne aubaine au secours de ton maigre patrimoine, quelques centaines de mille livres qui te permettent de faire aussi fringuante figure...

A cette question, Gobinac commença à répondre par un rire malicieux.

—Sandis! Laridon, jé né puis, mon

cher, garder plus longtemps lé sécret avec un ami tel qué toi... Écoute... é...coute, mon chéri, et apprends qué lé... lé changément qué ta sagacité rémarque dans ma fortune, n'est autre qué l'ouvrage dé l'amour.

— Comment! aurions-nous séduit quelque grande et généreuse dame? Oh! je t'en crois bien capable, séducteur!

— Cadédis! tu as mis lé doigt dessus. Oui, mon cher, mon physique scélérat, mes brillantes qualités, ont ravi lé cœur d'uné comtesse millionnaire, rien qué céla! celui d'uné femme qui m'adore, mé veut pour son époux et maître et mé fait des avances sur la brillante fortune dont elle va mé doter.

— Bravo ! voilà de l'adresse, et ce qui s'appelle tirer avantage de ses qualités et de son esprit... Ah çà, qu'elle est cette comtesse dont le goût délicat et fin a fait choix de ta personne pour amant et futur époux ?

— Jé né puis té lé dire, cher ami, ayant fait à cette chère comtesse dé Ricmann lé serment dé ménager sa réputation, dé cacher sa... sa faiblesse au monde entier.

— Au moins, peut-on savoir où tu as fait la rencontre de cette femme précieuse.

— Eh sandis ! à Paris.

— Fort bien ! mais comment, et dans quel lieu ?

— Jé né té lé dirai pas, cher ami, céla m'étant défendu dé par l'amour.

— Mais, autant que je puis m'en rappeler, tu devais épouser la fille du médecin Minard, dont tu te disais amoureux fou ?

— C'est juste et vrai, cadédis ! mais, ayant préféré ma voluptueuse comtesse à cette petite Denise, qui n'a pas le sou, j'ai rétiré mon cœur à cette toute aimable qué j'ai laissée libre d'épouser qui bon lui semblera, permission dont cette chère a... amie est sur le point d'user, san... sandis !

— Denise est sur le point de se marier, dis-tu ? Avec qui ?

— Avec un pétit baron, Antonin dé

Courvale, qui s'est épris de ses charmes, et que la petite a empaumé tout de suite.

— Quand doit se faire ce mariage?... s'informa vivement Laridon avec humeur et impatience.

— Cé mariage, sandis! mais dans trois jours au plus tard, et cé qui mé flatte, est d'être prié dé la noce ainsi qué ma chère comtesse.

— Que tu as eu l'esprit de faire inviter?

— Qui, en qualité d'amie intime dé la baronne dé Courvale, avec qui elle démeure, né pouvait manquer d'être dé la cérémonie.

—L'ami Minard, j'en suis certain, est enchanté d'un semblable parti pour sa fille?

— Lé docteur? jé lé crois bien; il s'en frotte les mains, lé gaillard !

— Tonnerre! qu'il ne se réjouisse pas trop, car il ne tiendrait peut-être qu'à moi que sa joie se changeât en deuil et en tristesse, s'écria Laridon, en frappant du poing sur la table, avec rage et colère.

— Hein? qué dis-tu, cher ami? interrogea Gobinac, entièrement ivre et en portant son verre à sa bouche.

— Je dis que Minard est un ami perfide, qui m'a jadis refusé sa fille dont j'étais amoureux fou.

— A ta santé! ô ma divine comtesse, suave et délicieuse amie! s'écriait Gobinac en cet instant, tout en levant les yeux et son verre.

— Tu as raison, gascon, à la santé de ta comtesse, avec laquelle je brûle de faire connaissance, et vive la joie!

Comme ce dernier terminait ces mots, et qu'il trinquait avec Gobinac, plusieurs personnages, à la mise élégante, hommes rieurs et bruyants, entrèrent dans le petit salon, où, apercevant Laridon, ils vinrent lui presser la main tour à tour.

— Que venez-vous faire ici, mauvais sujets? s'informa gaiement Laridon.

— Faire bonne chère, à ton exemple, pour de là nous rendre, en ta compagnie, s'il te plaît d'être des nôtres, chez un gros chanoine de Notre-Dame, où nous devons faire ce soir un jeu d'enfer.

— Un jeu d'enfer? Ça me va, j'en suis, répondit Laridon à celui qui venait de lui faire la proposition.

— Çà, Brizard, dis-nous quel est cet espèce d'Iroquois avec lequel tu as dîné, et qui, en ce moment, te dort impoliment au nez?

— Un pauvre être que je viens de griser, dans l'intention de le faire jaser et d'apprendre de lui des choses qu'il m'importe de connaître; enfin, un imbécile à qui j'espère ravir sa maîtresse, femme des plus riches et des plus généreuses, dit-il.

— Cet homme est-il beau joueur? s'informa l'un des nouveaux venus.

— C'est un ladre et un sot, indigne de votre attention.

— Alors, qu'il dorme en paix, tandis que nous allons souper gaiement et lestement surtout, car la fortune est là-bas qui nous attend chez notre riche chanoine.

— Messieurs, ne trouveriez-vous pas juste que ce soit ce gascon qui me régalât? interrogea Laridon, au même instant où ses amis finissaient de souper.

— Excessivement juste, et en compensation de l'ennui qu'a dû t'occasionner la société d'un semblable convive.

Encouragé de la sorte, Laridon ne se fit donc aucun scrupule de profiter du profond sommeil dans lequel l'ivresse plongeait le malheureux Gobinac pour fouiller effrontément dans la poche de ce dernier et lui ravir sa bourse qu'il ne lui rendit qu'après y avoir puisé de quoi payer grassement l'écot et en avoir en sus soustrait quelques louis qu'il glissa dans sa propre poche, cela au grand contentement des témoins de cette basse et ignoble action. Quelques instants encore et toute la bande abandonnait notre gascon qui ronflait à cœur joie, pour se précipiter dans des carosses et rouler ensuite vers la Cité et la rue de la Colombe, où demeurait le saint chanoine en question.

La neuvième heure de la nuit sonnait à Notre-Dame, lorsque nos gens prirent place au tapis-vert ; et la troisième après minuit se faisait entendre, lorsqu'après une séance de six heures, et avoir, durant tout ce temps, lutté contre une chance fatale, Laridon, ayant perdu au jeu jusqu'au dernier louis d'or qu'il possédait et tous ceux qu'il avait emprunté à ses collègues, se retira de fort mauvaise humeur de chez l'homme d'église, pour s'élancer seul et de pied dans les sombres rues du quartier de la Cité.

Notre homme, la main placée sur la garde de son épée, descendait d'un pas rapide et à travers les ténèbres la rue de la Colombe pour gagner le quai de la Seine, lorsqu'un homme, le visage masqué de noir, coiffé d'un large chapeau et couvert d'un petit manteau, déboucha d'une rue pour fondre sur lui impétueusement, le poignard à la main.

— Halte-là, misérable! et une autre fois fais en sorte que ton ombre ne trahisse pas ton approche, s'écrie Laridon en faisant un bond en arrière afin d'éviter le coup qui menaçait sa vie, et tirant son épée pour en frapper lui-même l'assasin, lequel, voyant son coup manqué, essaie de s'enfuir, mais que Laridon frappe et perce dans le dos un peu au-dessous de l'épaule.

Le brigand pousse un horrible cri arraché par la douleur et roule sur le pavé, en laissant échapper son poignard, dont s'empare aussitôt Laridon, dans l'intention de le frapper de nouveau; mais s'arrêtant :

— Avant de t'envoyer au diable qui te réclame, dit-il, voyons un peu tes traits, misérable!

Cela disant, Laridon, penché sur l'assassin, veut arracher le masque, mais ce dernier rappelant ses forces, le saisit et le renverse ; alors, tous deux de rouler, de lutter corps à corps, et dans ce combat acharné, Laridon, après avoir arraché le masque de son ennemi avec ses dents, de reconnaître avec effroi et surprise le docteur Minard, dans l'assassin qui en voulait à ses jours, dans celui qui, affaibli par la perte du sang qui s'échappait de sa blessure, finit par lâcher prise et s'évanouir.

— Ah! ah! je comprends maintenant; les assassins de la Cité, cette clientelle, cette haute réputation et cette aisance, tout cela acquis en peu de temps. Pas bête! pas bête du tout! le gaillard avait ma foi retenu ces paroles : plutôt que d'endurer la misère, je préférerais assommer les gens à leur passage, afin de les guérir après. Allons, allons, il a su mettre mes conseils en pratique.

Et cela dit, Laridon partit d'un éclat de rire infernal pour murmurer ensuite :

— Heureuse découverte! Le moyen

maintenant de pouvoir refuser quelque chose au possesseur d'un secret de cette importance, à celui qui est devenu votre maître, seigneur Minard, maître de votre honneur et de votre vie... Denise, désormais à moi ta possession, à moi tes charmes, à moi la fortune !

Ayant dit ainsi, Laridon s'éloigna de Minard pour se diriger vers la demeure de ce dernier, et aller frapper à coup redoublé sur la porte, bruit qui, en troublant le silence de la nuit, éveilla Denise en sursaut.

La jeune fille, pensant que ce ne pouvait être que l'envoyé d'un malade qui venait réclamer les soins de son père, et n'entendant pas ce dernier répondre aux coups qui ne cessaient de se faire entendre, prit le parti de se jeter en bas du lit, de se couvrir à la hâte et d'ouvrir une croisée pour s'informer de la cause de ce bruit.

— Envoyez au plus tôt ramasser votre père qu'on trouvera blessé et noyé dans son sang, ici près, rue de la Colombe, fit entendre Laridon, en réponse à la demande de la jeune fille et en déguisant sa voix, pour ensuite s'éloigner à grands pas, sans pitié pour le cri de désespoir qui venait de s'échapper du sein de la pauvre Denise.

Cinq semaines après cette dernière aventure, Minard, rétabli, de sa blessure dont il avait accusé un assassin, devenu sombre, soucieux et craintif, frissonnant, devenant pâle et tremblant chaque fois qu'il entendait sonner ou frapper à sa porte, chaque fois qu'un visage inconnu se présentait dans sa demeure, n'en pressait pas moins très activement les préparatifs du mariage de sa fille, lequel mariage devait avoir lieu sous deux jours.

Antonin, entièrement rétabli et plus amoureux que jamais, impatient de réaliser son bonheur, secondait le père de Denise de tout son pouvoir.

La baronne de Courvale, de son côté, aidée par la comtesse de Ricmann, courait les boutiques, les magasins, pressait les ouvrières chargées de la confection de la toilétte de la mariée ; et cette dernière, heureuse, reconnaissante de tout ce qu'on faisait pour elle, de la tendre sollicitude dont l'entouraient la mère et le fils, pleurait de joie, de bonheur et d'amour.

Une seule chose tourmentait les deux amants, ce n'était autre que la disparition de Montigny, en l'absence de qui ils allaient s'unir, Montigny qu'ils n'avaient pas revu, dont Antonin s'était enquêté pour apprendre seulement que le jeune mousquetaire n'avait pas reparu à son domicile depuis six semaines, et qu'on le cherchait en vain depuis ce temps.

Il se leva enfin, ce jour attendu avec tant d'impatience et qui devait éclairer le plus doux hymen. Denise, magnifiquement parée, semblable à la mère du Christ, dont elle avait la pudeur, la modestie et la beauté; Denise, ornée de la couronne et du bouquet virginal, allait marcher à l'autel; Antonin, radieux et impatient, entouré de sa mère, de plusieurs de ses amis, attendait le signal du départ pour l'église, lequel signal allait donner Minard, lorsque vint à s'ouvrir la porte de la salle-basse où tout le monde était réuni en ce moment, pour donner entrée à Laridon, lequel, la tête haute, le regard fier et hardi, s'en vint droit à Minard le sommer de lui accorder un instant d'entretien particulier.

—Impossible en ce moment, s'empressa de répondre le médecin, pâle, tremblant et attéré, en fixant sur Laridon un regard où se peignait l'effroi.

— A l'instant même; il le faut, il le faut absolument; vous entendez, maître? répliqua Brizard d'un ton absolu.

— Venez donc alors, répondit Minard

en quittant précipitamment la salle, suivi de Laridon.

IV

VII

Mariage.

Minard, après avoir introduit Laridon dans une chambre haute de la maison où il l'avait conduit, en avoir fermé la porte, se retourna vers ce dernier, qui, debout et ferme au milieu de la pièce, souriait à son effroi.

— Maintenant que me veux-tu? parle, lui dit-il, en affectant une fermeté, un calme qui étaient loin de son cœur.

— D'abord m'informer de l'état de ta santé, qui me paraît assez satisfaisante en dépit de certaine blessure dont toi et moi avons connaissance.

— De grâce, cesse ce badinage et hâte-toi de m'expliquer le sujet qui t'amène ici, hâte-toi, te dis-je, car tu sais qu'on m'attend en bas...

— Oui, pour conduire à l'autel ta fille que tu maries aujourd'hui, je sais cela ;

mais ce que tu ignores et qui va te surprendre, mon cher Minard, est que je viens une seconde fois te demander, pour mon compte, la main de cette même fille, celle de Denise, car à ce prix seul, je consens à oublier ce qui s'est passé entre nous il y a six semaines, à me taire, à ne point envoyer à la potence l'assassin de la Cité, l'humanitaire et vertueux médecin Minard, termine Laridon d'une voix ferme et en fixant sur le docteur un regard dur et satanique.

— Misérable ! de s'écrier Minard, pâle et frémissant, pour se précipiter sur Laridon.

— Du calme, du calme, ou tu es perdu, Minard, répond Laridon, en repoussant le médecin. Ne vas pas croire que je sois venu seul ici; en bas, à ta porte, une escouade d'exempts n'attend qu'un signe, un cri de ma personne pour venir à mon aide ; mieux encore, qu'une demi-heure se passe sans que ces suppots de justice ne m'aient vu sortir d'ici, et ils envahissent ta demeure pour faire main-basse sur tous ceux qu'ils y trouveront. Telles sont les sûretés et précautions que j'ai jugé nécessaire de prendre, avant d'entrer dans le repaire d'un assassin. Or, donc, pas de violence ni de bruit, et, en bons camarades, arrangeons nos petites affaires à l'amiable et en silence. Je te répèterai donc, Minard, que je suis amoureux de ta fille, que je la veux pour femme, qu'il me la faut absolument!

— Et moi, je te la refuse !

— Tu me la refuses, fou ! Mais réfléchis-tu bien à toutes les conséquences que peut amener un refus aussi imprudent qu'audacieux ? Songes-tu que ta vie, ton honneur, celui de Denise, sont entre mes mains et qu'ils dépendent de ma discrétion ; que d'un mot je puis te faire jeter aujourd'hui dans un cachot pour y attendre une mort inévitable? Dis-moi alors ce que deviendra le mariage de ta fille, ce que pensera de toi et d'elle la riche famille à laquelle tu te disposais à l'unir ? En coquin maladroit, puisque tu t'es laissé prendre, crois-moi, cède à la nécessité, donne-moi Denise, et, de retour chez moi, je m'empresserai de déchirer, d'anéantir la dénonciation que je me propose d'adresser à monsieur le lieutenant de police.

— Te donner ma fille, à toi, mon Dieu ! mais c'est impossible ! s'écria Minard désespéré, pour reprendre ensuite et d'un ton suppliant : Laridon, par grâce! garde-toi d'arracher ce cher enfant à son amour, au bonheur, à la félicité qui l'attendent; garde-toi de faire le malheur de deux familles pour satisfaire un caprice passager. Laridon, pitié pour elle, pitié pour moi! Et disant ainsi, Minard fléchissait le genou devant l'homme qui souriait à son désespoir d'un sourire infernal.

— Çà, mon cher, d'où naît cette répulsion pour l'alliance que je te propose, et voyons, dans cette affaire, lequel de nous deux a le plus à y gagner ou à y perdre : Qui es-tu, toi que je veux bien accepter pour beau-père? un affreux hypocrite, un lâche assassin dont les crimes nocturnes jettent, depuis plusieurs mois, l'effroi dans la ville et le désespoir dans les familles; un homme que l'échafaud réclame et duquel les enfants et les alliés ne peuvent attendre que honte et infamie, tel est l'avantage réservé un jour à celui qui deviendra ton gendre aussi bien qu'à ta fille ; héritage de sang devant lequel j'ai le courage de ne point reculer, en ma qualité d'homme exempt de préjugé et de tête forte. Quant à toi, en te rendant prudemment à mes désirs, réfléchis que l'impunité t'est acquise, que dans un gendre en bon chemin de fortune, ami des grands et bien en cour, tu t'assures un protecteur et pour ta fille un mari adroit, spirituel, généreux, qui rendra la chère petite la plus heureuse des femmes. Or, tu vois que tous les avantages sont pour toi, tandis que moi, je n'ai que honte et malédiction à espérer d'une aussi funeste union.

— Ainsi, si je repousse ta demande dans l'intérêt et le bonheur de ma fille, je n'ai nulle grâce à attendre de toi, et sans pitié tu coures me dénoncer?

— Sans plus tarder ni sans hésiter le moins du monde, répond froidement Laridon.

— Et sans remords, tu consens, afin de te l'approprier, d'arracher Denise au seul homme qu'elle aime, dont elle est heureuse et fière en ce moment de devenir l'épouse?

— Comme tu le dis, sans remords; effet naturel de la passion forte et brûlante que je ressens pour ladite jeune fille que je préfère voir dans mes bras, à la savoir en la possession d'un rival heureux.

— Et cependant, elle ne t'aime pas, elle ne pourra jamais aimer l'homme assez cruel pour l'avoir ravie à ses seules amours, à une union fortunée, honorable !... Au nom du ciel, Laridon ! renonces à ton projet, renonces à la possession d'une femme dont tu ne pourrais recueillir que les larmes et la haine. C'est à genoux que je te demande de ne pas faire le malheur de ma fille, de l'enfant adorée qui fait ma joie et mon seul bien. Laridon ! Laridon ! juge si je l'aime, cette chère fille, puisque pour elle, pour soulager sa misère, pour rendre sa vie moins laborieuse, et pouvoir la soustraire au travail pénible qui minait sa santé, je me suis décidé à mettre en pratique tes funestes conseils, à devenir le bourreau de mes semblables, à les frapper la nuit au passage et sans pitié, afin de leur vendre mes soins et de chasser de mon toît la misère, aux dépens de mon honneur et peut-être de ma vie.

— L'invention n'était certes ni mauvaise, ni maladroite; seulement, une fois bien enclienté, il fallait cesser ce genre d'exploitation et surtout ne pas t'y laisser prendre; ce qui t'est arrivé la nuit que le malheur voulût que tu t'en prisses à moi.

— Ah! garde-toi de m'en vouloir; car, de par le ciel et l'enfer, je jure que ce n'était point tes jours que j'attaquais, et qu'après t'avoir reconnu je me serais éloigné sans frapper, si toi-même n'avais pris l'offensive.

— Bien! bien! je ne t'en veux nullement; et la preuve, c'est que pour la troisième fois je te demande la main de ta fille.

— Quoi, encore! mais, démon infernal, tu sais bien que je ne puis en disposer!... Tiens, écoute! ils m'appellent en bas; ils sont impatients de marcher à l'autel, et toi seul retarde leur bonheur!... Laridon, pitié pour moi, pitié pour ces enfants; s'écrie Minard, en se traînant aux pieds de son ennemi.

— Au diable l'imbécile et ses jérémiades! répond Laridon en repoussant Minard ; je veux ta fille ! il me la faut absolument ! Or, écoute mes volontés : Sous un prétexte quelconque tu vas ajourner à demain le mariage pour lequel on te réclame en ce moment, et ce soir, lorsque la onzième heure aura sonné à Notre-Dame, toi et Denise, vous vous rendrez sur le quai des orfèvres, où vous trouverez mes gens et une chaise de poste, tout cela à vos ordres et pour vous conduire à Passy, où je serai à vous attendre, où un prêtre qui m'est dévoué prononcera mon union avec ta fille. A ce prix mon silence et ta vie, sinon la prison et la mort ; choisis ! termine Laridon, avec froideur et cruauté.

— La mort, hélas ! je ne crains celle dont tu me menaces, homme implacable, que parce qu'elle couvrirait ma fille d'ignominie, qu'elle la ferait mourir de honte et de douleur.... Laridon, tel est donc ton dernier mot et ta dernière volonté ? reprend Minard toujours à genoux, les yeux mouillés de larmes, et affaissé sous le poids de la douleur.

— Oui, mon dernier mot, et surtout fais en sorte de ne pas l'oublier, docteur Minard.

Cela dit, Laridon se dirigeait vers la porte.

— Oh non! non! cela ne se peut pas; écoutes-moi, mon ami, mon bon et cher camarade; un mot encore, un seul, par pitié! s'écria alors Minard, hors de lui et dans le paroxisme du désespoir, en s'attachant après Laridon pour l'empêcher de partir.

— De la pitié pour toi ! dis-donc du dégoût, car tel est le seul sentiment que tu m'inspires en te voyant ainsi te veautrer dans la poussière, et ramper à mes pieds.

Ayant dit, et par une brusque secousse s'étant débarrassé de l'étreinte de Minard, Laridon s'échappa de la chambre en jetant au malheureux père ces derniers mots, qui pour lui étaient un ordre :

— A ce soir !

A peine resté seul, Minard, suffoqué par la douleur et la rage, tarda peu à perdre entièrement connaissance, et depuis une demi-heure il était étendu sans vie sur le plancher, lorsque, inquiétée par sa longue absence, Denise, accompagnée d'Antonin, se décida à venir le trouver, après avoir vu d'une fenêtre Laridon quitter leur demeure.

Après être entrée dans la chambre dont elle avait trouvé la porte entr'ouverte, la jeune fille, voyant son père étendu sur le parquet et ne donnant aucun signe de vie, poussa un cri affreux et se précipita sur lui, glacée d'effroi et de douleur.

— Il vit, ma chère Denise, calmez ce désespoir affreux; n'ayez aucune crainte, ce n'est qu'une indisposition, disait Antonin, en soulevant Minard pour ensuite aller le déposer sur un siège.

— Du secours! du secours! s'écriait Denise, la tête perdue.

Et à ce cri de détresse, tout le monde d'accourir inquiet et palpitant.

Tandis que chacun s'empressait autour du médecin pour rappeler ses sens, Denise, les mains jointes, les yeux levés au ciel, s'écriait douloureusement :

— Mon Dieu! d'où vient cette indisposition? qu'a donc fait ce vilain homme à mon pauvre père pour l'avoir mis en cet état? O mon Dieu! quelque malheur nous menacerait-il aujourd'hui?

Un instant encore et Minard revenant à la vie, ouvrait la paupière.

— Serait-ce un songe affreux ?... Oh ! non ! non ! car avec l'existence revient l'affreuse réalité, se mit à murmurer le médecin, en portant un regard douloureux sur tous ceux qui l'entouraient.

— Mon père, mon bon père ! que vous est-il arrivé ? pourquoi cette subite indisposition ? demandait Denise avec une tendre inquiétude, en pressant la main de Minard.

— Parlez, monsieur, rassurez-nous : cet homme vous aurait-il fait violence ? si cela était, le misérable ne périrait que de ma main, dit à son tour Antonin, non moins alarmé et non moins peiné que Denise.

— Bour sûr, il havre eu quelque chose

avec ce homme; car che havre entendu barler peaucoup dans ce chambre, dit la comtesse de Ricmann.

— Eh bien! oui, une vive altercation a, en effet, eu lieu entre ce Laridon et moi; mais ce différent ne devant avoir aucune suite, je vous engage, mes amis, à oublier ce moment d'orage, fit entendre Minard.

— Et à partir, au plus vîte, faire bénir l'union de ces deux enfants que le ministre de Dieu attend à l'autel.

Ces paroles de madame de Courvale sont un coup de foudre pour Minard qui, dissimulant sa vive émotion et forcé d'appeler la feinte à son aide, joue la défaillance et d'une voix faible demande à ce que le mariage des jeunes gens soit ajourné au lendemain, ne se sentant pas le courage ni la force de se rendre en ce moment à l'église.

Malgré le regret qu'occasionnait ce retard, chacun s'empressa de se rendre au vœu du médecin qui, soutenu par Antonin et sa fille, fut conduit à sa chambre, où, ayant manifesté le désir de prendre un instant de repos et de se livrer au sommeil, il congédia tout le monde, même Denise qui voulait veiller sur lui.

Chaque invité, victime de cette déception, s'en retourna donc chez lui, excepté Antonin et sa mère qui, ne pouvant se décider à quitter la jeune fille devenue tout-à-coup inquiète et pensive, restèrent avec elle le reste du jour.

FIN DU PREMIER VOLUME.

TABLE

DES

Chapitres contenus dans le premier volume.

CHAPITRE I. Entrée en connaissance. . . . 1
— II. L'effroi dans le quartier. . . . 67
— III. Nouveaux personnages 99
— IV. Où mène la pitié 131
— V. Incidents divers. 215
— VI. 237
— VII. Un maitre. 273
— VIII. Mariage. 301

FIN DE LA TABLE DU PREMIER VOLUME.

Imp. de Delacour et Marchand Frères, à Vaugirard.
Maison à Paris, rue St Jacques, 80.

CHEZ LOCARD DAVI,

ÉDITEUR,

RUE DE LA HUCHETTE, 29, AU PREMIER.

ROMANS DÉPAREILLÉS

In-8° et in 12.

Imprimerie Dondey-Dupré, rue Saint-Louis, 46, au Marais.

www.ingramcontent.com/pod-product-compliance
Lightning Source LLC
Chambersburg PA
CBHW060629170426
43199CB00012B/1494